云南省哲学社会科学创新团队成果文库

西部少数民族地区
文化旅游
提升发展对策

Strategies for Upgraded Cultural Tourism Development in Western Ethnic Regions

王克岭 著

社会科学文献出版社
SOCIAL SCIENCES ACADEMIC PRESS(CHINA)

《云南省哲学社会科学创新团队成果文库》
编辑说明

《云南省哲学社会科学创新团队成果文库》是云南省哲学社会科学创新团队建设中的一个重要项目。编辑出版《云南省哲学社会科学创新团队成果文库》是落实中央、省委关于加强中国特色新型智库建设意见，充分发挥哲学社会科学优秀成果的示范引领作用，为推进哲学社会科学学科体系、学术观点和科研方法创新，为繁荣发展哲学社会科学服务。

云南省哲学社会科学创新团队2011年开始立项建设，在整合研究力量和出人才、出成果方面成效显著，产生了一批有学术分量的基础理论研究和应用研究成果，2016年云南省社会科学界联合会决定组织编辑出版《云南省哲学社会科学创新团队成果文库》。

《云南省哲学社会科学创新团队成果文库》从2016年开始编辑出版，拟用5年时间集中推出100本我省哲学社会科学创新团队研究成果。云南省社科联高度重视此项工作，专门成立了评审委员会，遵循科学、公平、公正、公开的原则，对申报的项目进行了资格审查、初评、终评的遴选工作，按照"坚持正确导向，充分体现马克思主义的立场、观点、方法；具有原创性、开拓性、前沿性，对推动经济社会发展和学科建设意义重大；符合学术规范，学风严谨、文风朴实"的标准，遴选出一批创新团队的优秀成果，根据"统一标识、统一封面、统一版式、统一标准"的总体要求，组织出版，以达到整理、总结、展示、交流，推动学术研究，促进云南社会科学学术建设与繁荣发展的目的。

编委会

2017 年 6 月

前　言

　　文化旅游是人们离开他们的日常居住地，为获得新的信息与体验来满足其文化需求而趋向文化景观的移动。基于"沿边"的省区特征、"少数民族聚居"的民族特质及"国家角度"，本书将西部少数民族地区的地理空间范围界定为地处边疆且少数民族众多的云南、广西、内蒙古、新疆和西藏，将其视之为西部民族地区的一种典型类别。基于此，本书中出现的"西部少数民族地区"、"西部民族地区"和"西部民族五省区"系同一所指。

　　我国西部地区，尤其是西部少数民族地区地域辽阔、地形地貌复杂多样、民族众多，再加上历史悠久，孕育了丰富的自然旅游资源及人文旅游资源，因此，发展旅游业不仅可以为西部少数民族地区经济发展、社会进步和人民生活水平的提高发挥重要的作用，而且旅游经济的发展同样可以为民族文化的传承、传播与繁荣做出巨大的贡献。然而，由于历史、经济、社会等综合因素的制约，西部少数民族地区旅游经济发展水平与我国其他地区相比存在较明显的差距，与其自身拥有的资源优势仍不相称，特别是在旅游业的发展中，出现了较多对文化资源破坏性的建设和建设性的破坏现象，如文化受旅游业冲击、城镇内涵失去原真性、旅游收益分配的不公平及区域发展失衡等共性问题，使原本弱势的少数民族文化生态更加不利。基于此，如何在旅游业的发展中，在保护好旅游地自然生态环境的前提下，平衡好产业发展与文化保护、传承及开发之间的关系（即"提升发展"的含义），就不仅具有理论研究的必要性，而且也具备说明实践、指导实践的紧迫性。

本书借鉴产业经济学、旅游人类学中的相关研究成果，以西部少数民族地区文化旅游的"提升发展"为研究对象，除第一章绪论和第七章总结与展望部分之外，全书分为三个层次。

第一层次包括第二章和第三章。在对中外的旅游及文化旅游理论研究进行回顾总结的基础上，首先对西部少数民族地区旅游业发展的现状及政策支持进行了考量，接着对西部民族五省区文化旅游的发展基础、发展战略和发展中存在的主要问题进行了梳理。该层次是本书的研究起点，也是全书展开分析的前提。

第二层次涵盖第四章、第五章两个部分。该层次的定位是评价性研究，重点着眼于西部少数民族地区文化旅游"可持续性"如何的问题。基于 Ko 的理论，结合对民族地区资源与能力的分析，构建西部民族地区文化旅游可持续性评估模型（包括 BTS、ATSI 等）；然后运用 BTS（旅游可持续性晴雨表图）及 ATSI（旅游可持续性指标阿米巴虫图）模型，对选定的文化旅游地"云南"的可持续性整体水平及各旅游指标的可持续性进行研判，并基于层次分析法甄别出影响云南文化旅游可持续性的关键因素；基于现实案例的考察，我们对云南丽江文化旅游可持续性的现状及存在问题进行了定性的分析，以便较全面地把握西部少数民族地区文化旅游可持续性的状况，并着重分析妨碍西部少数民族地区文化旅游可持续性的经济、行政以及法律方面的体制性障碍和机制性缺陷，为后文探索如何有效地消除这些障碍和缺陷奠定基础。

第三层次是第六章，该层次的定位是主题性研究，其核心议题是西部少数民族地区文化旅游提升发展的对策建议，这是本书的核心领域。在上述对案例的定量与定性诊断的基础上，本部分基于政府、协会或社区、企业作用等多维视角有针对性地提出促进西部少数民族地区文化旅游提升发展的对策建议。

当然，西部少数民族地区文化旅游可持续发展的问题还有许多内容需要进一步研究。如，除云南外，将适时深入其他西部民族省区调研相关旅游地，以扩大西部少数民族地区文化旅游的研究范围；进一步研究更具一般性的文化旅游市场主体与政府相互作用的机理并构建市场和政府之间的互动关系模型，等等。

Preface

Cultural tourism refers to people's trip away from their normal residency to fulfil a cultural need with movements to cultural attractions aiming to gain new information and experiences. Given bordering locations, featured with inhabitancy of ethnic groups, taken a national perspective, the area of western ethnic regions in this paper refers to the following provinces: Yunnan, Guangxi, Inner Mongolia, Xinjiang and Tibet, all of which situate along P. R. China's border and are quite representative of western parts of China dwelt by ethnic groups. Therefore, terms of 'western parts of China dwelt by ethnic groups', 'western ethnic regions' and '5 western ethnic provinces' in this paper all refer to this same geographic region.

Western parts of China, western ethnic regions in particular, are rich in natural and human tourism resources thanks to their wideness, ethnic groups, diversity of topographies and landscapes, and long history as well. So in these places tourism not only plays an important role in their economies, civilization and improvements of people's living standard, but also contributes to the inheritance, disseminations and prosperity of ethnic cultures. Due to constraints from their own histories, economic and social structures, tourism development in this area apparently lags behind the other counterparts of China, and is also inappropriate to their rich resources. In the tourism development process, some tourism constructions took place at the cost of cultural tourism resources or damages occurred with the constructions, for instance, adverse tourism impacts to traditional cultures, towns' loss of authenticity, unfair distribution of tourism revenue, and unbalanced regional development, all of which have squeezed the originally weak ethnic cultures into more vulnerable situations. In these regards, it is not only theoretically necessary, but also imperative to both elaborate and guide practices to carry out a study on how to balance the tourism development and cultural protection, inheritance and development (upgraded development) under the premise of good protection of ecologic environment of tourist destinations.

By taking advantages of researches of industrial economics and tourist anthropology, this paper studies on the tourism upgraded development in the western ethnic regions. Besides introduction and conclusion, the paper consists of three parts with seven chapters.

Part one covers chapter 2 and 3. Based on literature reviews of theories about tourism industry and cultural tourism home and abroad, the paper first assesses the status quo of and government policy supports to tourism development in western ethnic regions, followed by an investigation of the foundations, strategies and issues regarding cultural tourism development in the five western ethnic provinces. This part is the starting point and premise of the research.

Part two includes chapter 4 and 5. This part is an evaluation study aiming at sustainability of cultural tourism development in western ethnic regions. Applying Ko theory to the research, through analysis of resources and capabilities of the ethnic regions, this part will establish evaluation models (including BTS, ATSI) regarding sustainability of cultural tourism development in western ethnic regions; an assessment of the general level of sustainability and sustainability of individual factors of a specifically selected cultural tourist destination of "Yunnan province" followed by applying BTS and ATSI. Finally comes a case study of cultural tourism development in Lijiang prefecture, Yunnan province with a purpose of solid understanding of the status quo of sustainability of cultural tourism developments in western ethnic regions. An emphasis is placed on analysis of regime barriers and organic flaws arising from economic, administrative and legal arrangements which have impeded and will continue to impact the sustainable cultural tourism development in western ethnic regions. This part will set a solid foundation for the following researches on countermeasures.

Part three, being the core of this reseach, is chapter 6, a thematic research focused on counterpart measurements for upgrading development of cultural tourism in western ethnic regions. Based upon the precedent qualitative and quantative assessment of the selected tourist destinations, the author tentatively proposes measures and strategies for upgraded cultural tourism in western ethnic regions through multiple perspectives of governments, professional societies, communities, and enterprises.

Notwithstanding, there are many other important issues and topics worth while further investigation, for instance, excluding Yunnan province, to broaden research scope of cultural tourism development with field studies in other western ethnic regions; further studies on interactive relationship between the general cultural tourism markets and government bodies; researches on establishment of models regarding interactive relationship between markets and government bodies etc.

目 录

第一章 绪 论 …………………………………………… 001
第一节 旅游与文化旅游 ……………………………… 001
第二节 相关概念界定及研究框架 …………………… 006

第二章 相关文献回顾 ………………………………… 015
第一节 旅游与文化旅游的内涵阐释 ………………… 016
第二节 相关文献回顾 ………………………………… 022
第三节 小结 …………………………………………… 033

第三章 西部民族地区旅游业发展的态势 …………… 035
第一节 西部民族地区旅游业发展的现状 …………… 037
第二节 西部民族地区旅游业发展的政策支持 ……… 042
第三节 西部民族地区文化旅游发展的基础 ………… 045
第四节 西部民族地区文化旅游发展的战略 ………… 052
第五节 西部民族地区文化旅游发展存在的主要问题 …… 053
第六节 小结 …………………………………………… 055

第四章 文化旅游可持续性评估体系研究 …………… 058
第一节 文化旅游——西部民族地区旅游开发的"双刃剑" … 059
第二节 文化旅游地可持续性评估体系构建 ………… 065

第三节 文化旅游地开发模式 …………………… 076
第四节 小结 …………………………… 084

第五章 西部民族地区文化旅游提升发展实证研究
——以云南为例 …………………… 086
第一节 云南文化旅游概况 …………………… 086
第二节 云南文化旅游可持续性评估
调查过程及结果分析 …………………… 089
第三节 云南文化旅游可持续性评估指标权重研究 ……… 102
第四节 云南文化旅游可持续性评估
——基于案例的考察 …………………… 112
第五节 小结 …………………………… 119

第六章 西部民族地区文化旅游提升发展对策建议及模式选择 … 121
第一节 西部民族地区文化旅游提升发展对策建议 ……… 122
第二节 西部民族地区文化旅游可持续开发模式 ……… 137
第三节 小结 …………………………… 146

第七章 总结与展望 …………………… 149
第一节 总结与创新点 …………………… 149
第二节 研究展望 …………………… 151

附录 A 文化旅游目的地可持续性评估调查问卷 ……… 153

附录 B 文化旅游目的地可持续发展影响因素调查问卷 ………… 157

参考文献 …………………………………… 165

后 记 …………………………………… 174

Contents

Chapter 1 Introduction / 001

  1. 1 Tourism Vs Cultural Tourism / 001

  1. 2 Defining Research Paradigms Tourism / 006

Chapter 2 Literature Review / 015

  2. 1 Denotions of Tourism and Cultural Tourism / 016

  2. 2 Literature Review / 022

  2. 3 Summary / 033

Chapter 3 Trends and Potentials of Tourism Developments in Western Ethnic Minority Regions / 035

  3. 1 Status Quo of Tourism Development in Western Ethnic Regions / 037

  3. 2 Government Initials for Tourism Development in Western Ethnic Regions / 042

  3. 3 Foundations for Developing Cultural Tourism in Western Ethnic Regions / 045

  3. 4 Strategies for Developing Cultural Tourism in Western Ethnic Regions / 052

  3. 5 Issues to be Addressed for Developing Cultural Tourism in Western Ethnic Regions / 053

3. 6　Summary / 055

Chapter 4　Evaluation Systems for Sustainable Cultural Tourism Development / 058

4. 1　Cultural Tourism: Two – edged Sword for Tourism Development in Western Ethnic Regions / 059

4. 2　Establishing Evaluation Systems for Sustainable Cultural Tourism Development / 065

4. 3　Models for Developing Cultural Tourism / 076

4. 4　Summary / 084

Chapter 5　Positive Study of Upgrading Cultural Tourism in Western Ethnic Regions: Case of Yunnan Province / 086

5. 1　Review of Cultural Tourism Practices in Yunnan Province / 086

5. 2　Research Processes and Data Analysis of Sustainable Cultural Tourism Practices in Yunnan Province / 089

5. 3　Research on Weighted Indexes for Sustainable Appraisals of Cultural Tourism Developments in Yunnan Province / 102

5. 4　Appraisals of Sustainable Developments of Cultural Tourism Developments in Yunnan Province: Case Study / 112

5. 5　Summary / 119

Chapter 6　Proposals and Options for Upgrading Developments of Cultural Tourism in Western Ethnic Regions / 121

6. 1　Proposals for Developing Cultural Tourism in Western Ethnic Regions / 122

6. 2   Alternative Models for Sustainable Developments of Cultural Tourism in Western Ethnic Regions / 137

6. 3   Summary / 146

Chapter 7   End Notes and Prospects / 149

7. 1   Research Conclusions and Innovative Contributions / 149

7. 2   Research Prospects / 151

Appendix A / 153

Appendix B / 157

References / 165

Postscript / 174

第一章

绪　论

第一节　旅游与文化旅游

一　旅游消费的实质是文化性消费

对旅游者而言，旅游消费的实质是文化性消费或消费文化。从本质上说，在旅游过程中，旅游需求者在寻求文化、购买文化、享受文化，而旅游供给者则在生产文化、销售文化、经营文化。旅游产品的文化品位越高，独特性越强，多样性越丰富，其发展前景就越广阔。

在旅游消费中，文化的同质性是一个方面，而更重要的一个方面在于文化的异质性。通常而言，对旅游服务设施的要求是以同质文化为主，而对旅游吸引物的要求则是以异质文化为主。许多文化是特定的，无可替代的，文化的差异性形成吸引力，一切文化载体都能形成旅游吸引物。① 在旅游发展的过程中，突出文

---

① 魏小安：《旅游基本特性新论》［EB/OL］，http：//www.apcl.zju.edu.cn/manage/Up-loadFiles/2009 1092188440.doc，2009 - 10 - 19。

化的异质性，追求独特性，已然成为各国旅游界的共同选择。基于此，旅游业正在形成文化多样性日趋显著的良好发展态势。

而对于包括我国在内的许多发展中国家而言，在文化资源禀赋的差异性方面具有得天独厚的优势。以世界遗产为例，截至 2014 年 6 月 25 日，我国已拥有 47 项经过联合国教科文组织批准的世界遗产，含世界文化遗产 33 项（其中文化景观 3 项）、世界自然遗产 10 项、世界文化与自然双遗产 4 项，是全球拥有世界遗产类别最齐全的国家之一，世界遗产总数位列全球第二，仅次于意大利①，如表 1-1 所示。这些无价的世界遗产分布在中华大地上，融汇在百姓生活中，散发着自然、建筑、历史、宗教和艺术的迷人魅力，令人神往。世界遗产是整个文化和自然遗产里的最高样板，被评为世界遗产会对旅游业，特别是跨国旅游的发展起到极大的促进作用。

纵观世界旅游的发展历程，可以说，文化是旅游之基，特色是旅游之魂，环境是旅游之根，质量是旅游之本，因此，挖掘地域文化，弘扬传统文化，发挥特色文化，进行高品位旅游文化的建设，不仅对提升旅游景区的档次具有重要作用，而且对提高游客素质，促进人与自然的和谐、人与人的和谐等，都有着直接的促进作用。

表 1-1　2010~2014 年前三甲保有世界遗产状况

单位：个

国　家	2010 年	2011 年	2012 年	2013 年	2014 年	地　区
意大利	45	46	46	48	50	欧洲北美

① 《元上都遗址成为我国第三十项世界文化遗产》，《人民日报》2012 年 7 月 1 日。

国　家	2010 年	2011 年	2012 年	2013 年	2014 年	地　区
中　国	40	41	43	45	47	亚　太
西班牙	42	43	44	44	44	欧洲北美

注：截至 2014 年 6 月 25 日，全球各国被认定的世界遗产共计 1007 项；其中，2013 年及 2014 年数据为笔者查阅相关新闻报道资料整理得到。

二　发挥旅游对文化消费的促进作用

长期以来，拉动我国经济的"三驾马车"中，投资和出口在过去 30 多年中是并驾齐驱的"主力军"，相比之下，消费拉动似乎总是慢了半拍。步入 21 世纪后，我国居民消费水平开始进入以小康型、享受型模式为主要特征的发展阶段，而扩大居民消费，引导和加快居民消费结构优化与升级转型是加快转变我国经济发展方式、加大经济结构调整力度和提高经济发展质量、效益的战略举措，对于我国经济持续快速发展具有重大意义。

按国际经验测算，我国每年文化消费可达 4 万亿元，但实际消费却不足 1 万亿元，巨大的文化消费潜力和产业发展空间有待挖掘，文化产业已成为促进经济结构调整和转变经济发展方式、推动科学发展的重要着力点。

2009 年 9 月 26 日，我国第一部文化产业专项规划——《文化产业振兴规划》经由国务院常务会议审议通过，并向社会公开发布，标志着文化产业已经上升为国家战略性新兴产业。

依据国家统计局 2012 年 7 月颁布的修订后的《文化及相关产业分类（2012）》标准，将我国文化及相关产业分为五层。

第一层：为"文化产品的生产"和"文化相关产品的生产"两部分。

第二层：根据管理需要和文化生产活动的自身特点分为 10 个大类，即"新闻出版发行服务""广播电视电影服务""文化艺术服务""文化信息传输服务""文化创意和设计服务""文化休闲娱乐服务""工艺美术品的生产""文化产品生产的辅助生产""文化用品的生产""文化专用设备的生产"等。

第三层：依照文化生产活动的相近性分为 50 个中类。

第四层：是具体的活动类别，共计 120 个小类。

第五层：是对于含有部分文化生产活动的小类设置延伸层，共计 29 个。

文化旅游作为"文化休闲娱乐服务"的重要组成部分，已成为世界各国文化产业发展中最为重视的部分之一。我国是有着 5000 多年悠久历史的文明古国，也是正在崛起的朝气蓬勃的旅游大国。在这片热土上，生活着 56 个民族、近 14 亿人口，历史深厚、文化博大、江山多娇、风光秀丽。悠久的历史、丰富多彩的文化和壮丽的自然景观，构成了国际一流的旅游吸引力，特别是文化性资源，始终是我国旅游业在国际上具有比较优势的资源，文化旅游产品也成为长盛不衰的产品。

为了助力文化旅游的发展，2011 年 10 月，党的十七届六中全会审议通过了《中共中央关于深化文化体制改革、推动社会主义文化大发展大繁荣若干重大问题的决定》，明确提出"要推动文化产业与旅游、体育、信息、物流、建筑等产业融合发展"，强调"要积极发展文化旅游，发挥旅游对文化消费的促进作用"，《决定》对准确认识旅游与文化的关系、旅游产业与文化产业的融合发展提出了新的要求。

三　文化旅游成为旅游业的主力军

不同的民族有不同的文化，而不同的文化又铸就了不同的民族。尽管中华民族的文化源远流长、博大精深，但面对全球化浪潮下强势文化的侵袭，业界与学界均应冷静地思考，积极地应对，而不是消极地回避。民族的才是世界的，更确切地说，民族的，只有被接受，才是世界的。源远流长的中华文化有待发掘、学习、光大，特别是我国各少数民族都有着灿烂辉煌的民族文化，她们与世界上其他民族的文化一样，都为世人留下了丰富的文化遗产，从建筑到城址，从文字到技艺，都是世界文化宝库中不可或缺的宝贵财富。但同样不可忽视的是，她们中有许多是濒临消失的文化遗产，如世界非物质文化遗产——东巴文字，是纳西族的古老文字，现在能读懂的人已越来越少。在旅游业发展的过程中，加强对此类民族文化的研究、保护和传承，使之不至于失传，无疑也是与《保护世界文化与自然遗产公约》的初衷相一致的。

随着我国经济社会的稳健发展，旅游业所处的环境和面临的形势正在发生着深刻而重大的变化。中国旅游业已经步入了重大战略调整期，旅游产业的转型升级成为战略调整的重中之重。当前和今后一个较长时期，促进旅游产业的转型发展和升级换代，实现旅游业又"好"又"快"协调发展，把我国从"旅游大国"建设成为"旅游强国"，是我国旅游业面临的一个十分重大而迫切的任务。

在我国旅游市场体系日趋成熟、旅游产业规模逐步扩大、旅游产业结构更加优化、旅游产业能级不断提升、旅游产业运营机制更为完善的同时，中国旅游业的多样化发展趋势也进一步加强，休闲度假旅游、文化旅游等新型旅游业态开始大量涌现，它们在原来传统旅游业的基础上经过产业间不断地衍化、融合、演变、创新，进而逐步成为构建整个"大旅游业"的新生力量和主力军。[①]

正是基于上述语境，各地充分利用景区（景点）的自然、文化资源，以文化提升旅游品质，以旅游传播文化内涵，促进文化与旅游的结合，文化产业与旅游产业融合发展，相得益彰，产生了巨大的社会效益和经济效益。

综上，以旅游为代表的文化消费开始发力，已成为拉动内需的新支点。据国家统计局公布的《2015年国民经济和社会发展统计公报》显示：2015年，我国人均GDP已经达到8016美元，居民消费正由生存型、温饱型向小康型、享受型转变，旺盛的文化消费需求将刺激包括文化旅游在内的文化产业的新一轮发展。

第二节　相关概念界定及研究框架

作为一个新兴的概念，学术界并未对文化旅游达成共识，这既源于各国或地区在实践中对文化旅游的划分存在显著差别，也和实践中的称谓比较混乱有关。在本书中，为了明确研究对象，有必要在内涵和外延上，对"文化生态""文化旅游""提升发展"及本书的研究范畴做出界定。

---

① 张文建：《当代旅游业态理论及创新问题探析》，《商业经济与管理》2010年第4期。

一 相关概念的界定

1. 文化生态

"文化生态"是借用生态学方法来研究文化现象而产生的概念。1955 年，美国文化人类学家朱利安·斯图尔德（Julian Steward）首次提出"文化生态学"概念，倡导成立专门的学科，目的在于"解释那些具有不同地方特色的独特的文化形貌和模式的起源"①。"文化生态"是科技、经济、文化现代化的背景下产生的观念，是对现代化的一种反思，它需要借助生态学的相关理论，并将生态学作为一种方法，超越了生态学对于自然和科技的研究范围，将自然科学与人文科学相结合，是一种系统全面地观察自然、社会与人类文化的整体方法。②

生态学（Ecology）是一门生物学学科，它研究生物与环境的关系。而文化生态（Cultural Ecology）是基于文化的发展和生物一样离不开其所处环境，人们借用"生态"的概念来类比文化适应与生物适应有较多相似之处，文化适应正是文化生态的重要内容。文化生态，即文化的生存、传承的各种状态，是指社会的意识形态以及与之相适应的制度和组织架构，每一种社会形态都有与其相适应的文化，每一种文化随着社会物质生产的发展而发展。社会物质生产发展的连续性，决定文化的发展也具有连续性和历史继承性。文化生态最显著的特征是其不可再生性，历史文化遗产一旦被毁损，传统风格一旦发生变异，

① 唐纳德·L. 哈迪斯蒂：《生态人类学》，郭凡、邹和译，文物出版社，2002，第 8 页。
② 潘鲁生：《走进民艺——呼吁民间文化生态保护》，《美术研究》2003 年第 2 期。

人居环境一旦被破坏，将是不可逆转的人类文明的损失，因此，在文化生态上不能搞"先毁损、后重建"。

2. 文化旅游

"文化旅游"是以引导游客通过旅游实现感知、了解、体察人类文明具体内容之目的的行为过程，泛指以鉴赏异国异地传统文化、追寻文化名人遗踪或参加当地举办的各种文化活动为目的的旅游。文化旅游是一种具有高附加值的商业模式，是对传统旅游业的提升。步入 21 世纪后，文化享受已成为很多旅游者追求的一种风尚，文化旅游正以 10% ~ 15% 的年均增速在快速成长，其所创造的产值已占旅游市场的 1/5。

3. 提升发展

文化遗产依其存在形态可分为有形文化遗产和无形文化遗产两种类型，即物质文化遗产和非物质文化遗产。其中，非物质文化遗产是指以各种非物质文化形态存在、与群众生活密切相关、世代相承的传统文化表现形式、知识体系和技能及其有关的工具、实物、工艺品和文化场所。非物质文化遗产的特点是不脱离民族特殊的生活生产方式，是民族个性、民族审美习惯的"活"的显现。非物质文化遗产的存在形态，与物质文化遗产的存在形态不同，前者是非物质的、无形的。

文化遗产保护的目的是为了传承文化，这是文化发展的需要；基于文化遗产的旅游开发，其目的是通过开发，促进经济的发展，这是经济发展的要求。因此，文化遗产保护与旅游开发的互动，在一定程度上是文化与经济的互动。①

---

① 朱彬、李志、仙文博：《5·12 汶川地震后民族地区文化遗产的保护与旅游开发的互动关系研究——以四川羌族村寨文化为例》，《经营管理者》2011 年第 6 期。

而实践中，旅游业的发展给文化生态保护带来了较多负面影响，比较突出的负面影响包括：民族文化被商业化而损害了其真实性和客观性，开发的只是表层文化，许多文化商品的开发在滥用民族文化；旅游开发中出现了"伪民俗""庸俗化"等现象。因此，相关部门在旅游业的开发中，应重视研究旅游业对文化生态的各种影响，调查分析现有的保护与传承的途径与困境，构建产业发展与文化保护的机制，以真正促进文化旅游业的可持续发展。

基于上述文化生态保护的问题，"提升发展"是指：政府要以可持续理念指导和规范旅游业的开发建设，探索并构建政府引导下的产业与文化保护协同发展的民族地区旅游业可持续发展模式，充分依托当地的优势，秉承政府引导、企业主导、市场运作的理念，引导各方面力量共同推进民族地区旅游业的发展，减少和避免对民族地区文化旅游资源和环境造成破坏，使民族地区的文化旅游步入可持续发展的良性循环。

概言之，"提升发展"即如何在旅游业的发展中，在保护好旅游地自然生态环境的前提下，使产业发展与文化保护、传承及开发之间的关系得以平衡，使西部少数民族地区的文化生态环境得以保护和改善，使西部少数民族地区的文化旅游得以可持续发展。

二 研究范畴的界定

在我国，少数民族地区存在着民族聚居区和杂居区的差异，其中，属于民族聚居区的人口"约有1700万，约占全国少数民族总人口的 25%"①。基于文化受时间和空间制约的特性及产业的空间关联性，同时，考虑到对西部地区的相关研究大多是将西部 12 个省区作为一个整体呈现的，这虽然有利于揭示西部旅游业发展的整体状况，便于比较东西部之间旅游业发展的差距，但两大区域的整体观测尚不足以深入审视民族地区旅游业的发展态势；再者，从国家角度看，民族地区直接涉及中国的整体发展，并进一步决定中国的发展格局。民族地区多数位于中国的西部，虽然地处边疆，但绝不是边缘地区。新疆位于欧亚大陆的中心，西藏直接对接南亚，云南和广西直接与东盟一体，内蒙古是欧亚草原的腹地，历史上就不断影响着中华民族的安全和统一，现在已成为重要的资源地区和新兴能源通道。计划经济时代对民族省区采取的封闭性管理体制，结果适得其反。大力发展民族地区的文化旅游，创造新的经济增长点，增加创业和就业机会，提高边疆地区老百姓的生活水平，才是根本方略。② 鉴于上述三点考虑，本书结合"沿边"的省区特征、"少数民族聚居"的民族特质及"国家角度"，将西部少数民族地区的地理空间范围界定为地处边疆且民族众多的云南、广西、内蒙古、新疆和西藏，视之为西部民族地区的一种典型类别，基于此，行文中出现的"西部少数民族地区""西部民族地区"和"西部民族五省区"系同一所指。

另外，考虑到西部民族五省区地域辽阔，为了使研究对象范围适中，结合本课题的研究目的，选取云南省作为实证研究

---

① 戴庆厦、何俊芳：《语言和民族（二）》，中央民族大学出版社，2006，第 183 页。
② 魏小安、魏诗华：《全产业链视阈下的旅游发展》，南开大学出版社，2012，第 1 页。

对象。选取云南作为实证研究对象的一个重要原因在于：云南已成为我国西部地区主要的国际旅游目的地，在西部乃至全国有一定影响，以其为实证对象，所得出的经验及启示对其他西部民族省区同样具有较强的示范及借鉴意义。

三　研究内容与研究思路

1. 研究内容

本书借鉴产业组织等理论的研究成果，以西部少数民族地区文化旅游的"提升发展"为研究对象，通过选取云南作为实证研究对象，拟开展如下四方面的研究。

（1）西部民族地区旅游业发展态势审视。对西部民族地区旅游业发展的现状及政策支持进行考量，接着对西部民族地区文化旅游的发展基础、发展战略和发展中存在的主要问题进行梳理，以期较全面地把握西部民族地区旅游业及其文化旅游发展的态势。

（2）基于 Ko 的理论，结合西部民族地区资源与能力的分析，探索并构建西部民族地区文化旅游可持续性评估模型。

（3）西部民族地区文化旅游提升发展的实证研究。选取旅游业发展较好的云南省，运用可持续性评估模型对其文化旅游进行定量研究，并结合文化旅游目的地的定性分析，以期更好地把握其发展中的成就与不足。

（4）西部民族地区文化旅游提升发展的对策探讨。基于政府、协会或社区、企业作用等多维视角，有针对性地探索适合区域发展的西部民族地区文化旅游提升发展的对策及建议。

2. 研究思路

本书遵循"提出问题→分析问题→验证问题→思路性对策探讨"的逻辑对西部少数民族地区文化旅游提升发展问题进行研究，基本研究思路设计如下。

（1）审视西部民族五省区旅游业发展的态势。

（2）基于 Ko 的理论，结合民族地区资源与能力的分析，构建西部民族地区文化旅游可持续性评估模型（包括 BTS、ATSI 等）。

（3）运用 BTS（旅游可持续性晴雨表图）及 ATSI（旅游可持续性指标阿米巴虫图）模型，对选定的文化旅游地的可持续性整体水平及各指标的可持续性进行研判，并基于层次分析法甄别影响其文化旅游可持续性的关键因素。

（4）基于政府、协会或社区、企业作用等多维视角，针对西部民族地区文化旅游可持续性方面存在的普遍性问题探索"提升发展"的对策及建议。

综上，本书在研究思路上遵循"现状→问题→思路→对策"的逻辑结构，从而使各部分在保持良好独立性的同时，相互之间又有着较为严密的逻辑关系。

本书在研究方法上强调：

（1）多学科研究方法相结合。充分借鉴产业经济学、旅游人类学中的相关研究成果开展研究。

（2）定性研究与定量研究相结合。本书既采用资料搜集、文献研究与田野调查等定性分析方法，又采用文化旅游可持续性评估模型（基于感知研究方法，指标的数据需通过问卷调查和对不同利益主体深度访谈的方式获得）等定量分析方法。

（3）纵向比较与横向比较相结合。BTS 及 ATSI 模型所得出的结论既适合于特定目的地随时间推移的纵向比较，又适合于采用同样量测指标的同类型文化旅游地的横向比较。

四 研究结构

西部少数民族地区文化旅游的提升发展在进行战略考量时，应同时兼顾有助于可持续发展、有助于整合业务范围、有助于构建竞争优势，基于上述考虑，本书的研究结构如图 1 – 1 所示。

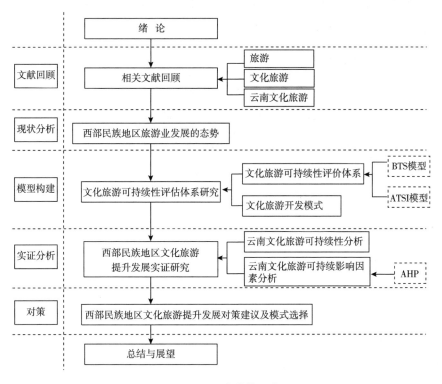

图 1 –1 研究结构示意

五　研究意义

2013 年中央一号文件指出："以城乡一体化解决'三农'问题，必须统筹协调，促进工业化、信息化、城镇化、农业现代化同步发展，着力强化现代农业基础支撑，深入推进社会主义新农村建设。"在西部民族省区具有旅游业发展优势的地区，依托旅游业推进城镇化已经具有较好的示范效应和经验基础，但依然存在传统文化受旅游业冲击、城镇内涵失去原真性、旅游收益分配的不公平及区域发展失衡等共性问题，因此，转变在文化旅游发展中的传统观念，利用、融合人类学理论来处理旅游产业发展问题，协调产业发展与文化生态保护之间的关系等，就成为西部民族地区文化旅游与城镇化协同发展中亟待关注的重点。

理论意义：本研究以产业经济学、旅游人类学理论为指导，从西部民族地区文化旅游的可持续性来开展研究，为旅游业与民族经济研究提供了新的视角，并拓展文化旅游可持续性影响机理的研究深度，具有较强的理论价值。

现实意义：对于西部民族地区旅游资源禀赋较好的地区发展旅游而言，保护与开发是它们所涉及的两个并行层面的活动，但有主次之分。如何更好地协调好产业发展与文化生态保护、与自然生态保护、与利益主体的利益诉求等关系，更好地发挥研究成果对西部民族地区文化旅游的评价功能、规划功能和导向功能，就不仅具有理论研究的必要性，而且也具备指导实践的紧迫性。

第二章

相关文献回顾

　　随着经济社会的发展，文化旅游正逐步成为世界旅游业发展的新潮流和新趋势，旅游活动方式和内涵正由过去的自然观光型向休闲度假和文化体验并重型转变。据世界旅游组织预测，进入21世纪，原市场份额较大的自然风光旅游产品的增长率将下降，而文化旅游将有强劲的增长势头。[①] 2004年，世界旅游及旅行理事会（WTTC）对旅游者的旅游动机进行的有关调查表明，在商务、度假、购物、探险以及文化体验五种旅游动机中，文化体验居首位。回归自然和回归文化已然成为世界旅游的核心内容和发展方向，生态旅游与文化旅游呈相互交融的发展态势。

　　近年来，我国旅游业顺应世界旅游业发展大势，文化旅游成为一种时尚，并呈现出迅猛发展的势头。关于文化旅游的内涵，国内外仍处于探讨和研究中，至今尚未形成统一的、规范的、被广泛认同的概念，故对国内外旅游及文化旅游的相关文

　　① 朱桃杏、陆林：《近10年文化旅游研究进展——*Tourism Management*、*Annals of Tourism Research* 和〈旅游学刊〉研究评述》，《旅游学刊》2005年第6期。

献进行回顾，梳理其理论的演进历程、发展脉络及主要成果就显得尤为重要。

第一节 旅游与文化旅游的内涵阐释

一 旅游

"旅游"源于16世纪英国贵族为了培育下一代，希望他们能够通过旅游活动增广见闻，学习不同的文化，时称海外旅（壮）游（grand tour），后盛行于17、18世纪，其含义不仅包括旅行过程中离开居住地的位置移动，更是一种知识、文化、道德和政治方面的洗礼。之后，法国学者 Lanquar 在《观光旅游社会学》一书中指出，旅游者（tourist）一词出现在1800年的英国，专指英国去欧洲大陆的旅行者。1910年，奥地利学者 Schllard 将旅游定义为外国人或外地人进入非定居地并在该地逗留和移动所引起的经济活动的总和。与上述使用位置移动的划分标准不同，英国学者 Ogilvie（1933）的定义则开始关注经济活动，他认为旅游活动是在旅游地逗留期间所产生的各种消费，同时他限定这种消费的期限是发生在一年以内的，且这种消费的经济来源不应是在旅游目的地赚取的。

Glcksmann（1935）在《旅游业概论》一书中把旅游归结为一种关系的总和，即旅游地的居民和外来旅行者之间发生的各种关系的总和，这是一种与交流密切相关的社会行为。

Jafari（1977）基于社会学的视角，围绕旅游者的文化特征和旅游的社会文化影响等方面界定了旅游的含义，他认为旅游是离开惯常居住地的游客与旅游地发生的社会交换而给旅游地带来各种影响的一种社会文化现象。[①]

1991 年，世界旅游组织在加拿大渥太华会议上提出旅游是人们出于休闲、商务或其他目的，短期（历时不超过一年）离开自己的惯常环境，前往其他地区的旅行活动以及在该地的停留访问活动。

Cooper（1998）基于需求和供给两方面对旅游进行阐释。从需求的角度来看，旅游是人们为了休闲、商务和其他目的，离开自己惯常居住的环境、连续不超过一年的旅行和逗留活动；从供给的角度来看，旅游即旅游业，即为满足旅游者需求和愿望的所有的企业、组织机构和设施构成的集合。[②]

Tribe（1997）认为，旅游本质上是由旅游目的地社区、游客、各种服务提供者、政府和环境之间的相互作用所带来的一切现象和关系的总和。William（2005）认为，旅游是一个综合的概念，不仅包括出于商务、休闲或者教育的目的而离开惯常居住地，在目的地做短暂停留，最终又返回居住地的行为，还包括这类活动的组织和实施过程，以及满足旅游需求的设施和服务。

Fennell（1999）认为旅游是一个互相关联的系统，这个系统包括旅游者和为旅游者提供相关服务（设施、景点、交通和住宿）的组织。[③] Goeldner 和 Ritchie（2005）将旅游定义为，在

① 转引自 William F. Theobald, *Global Tourism*, Routledge, 2005, p. 11。

② Chris Cooper, et al., *Tourism: Principles and Practice*, Second edition, Longman, 1998.

③ David A. Fennell, *Ecotourism: An Introduction*, Routledge, 1999.

吸引和接待旅游和访客过程中，由游客、旅游企业、当地政府、当地居民相互作用而引起的现象与关系所产生的各种过程、活动和产出的集合。① 1995 年，世界旅游组织和联合国统计委员会针对旅游的统计问题，从技术上将旅游定义为"人们为了休闲、商务和其他目的，离开他们习惯生活的环境，到某些地方去以及在那些地方停留不超过一年的活动"。

对于旅游类型的划分，Smith 依据游客的不同休闲活动将旅游划分为五种类型：第一种是民族旅游（ethnic tourism），主要是以奇特的本土风俗吸引游客，这种类型的旅游强调的是非惯例的风俗习惯等，但是通常只能吸引少部分游客，因而旅游目的地的影响力较为有限；第二种是文化旅游（cultural tourism），包括对旅游地特殊文化的体验，某种正在消亡、存在于人们记忆中的生活方式或者遗迹的参观感受等，还包括一些节事旅游；第三种是历史旅游（historical tourism），主要是对博物馆、教堂等恢宏的建筑的参观，其主要游客群体是出于接受教育的目的；第四种是环境旅游（environmental tourism），通常是作为民族旅游的补充出现的，通常是去遥远的地区（如南极洲）感受纯粹的异国风光；第五种是娱乐旅游（recreational tourism），是指到海边、高尔夫球赛场等地游玩的纯粹的观光行为。②

在旅游业中，任何一项旅游经济活动都是通过一定的文化方式展开的，旅游经济活动中的各个环节如生产、流通、交换以及决策、管理等，都或多或少地蕴含着各种文化因素，文化

---

① Charles R. Goeldner, J. R. Brent Ritchie, *Tourism: Principles, Practices, Philosophies*, John Wiley and Sons, 2005.

② Valene L. Smith, *Hosts and Guests: The Anthropology of Tourism*, Philadelphia: University of Pennsylvania Press, 1989: 49 – 51.

通过旅游这种方式与其他要素融合在一起，尤其是旅游产品的生产与消费更是牢牢地建立在文化基因之上。[①] 文化因素在被游客"消费"的过程中生产出文化价值和经济价值，旅游活动是综合性的文化活动。对文化的追寻，是旅游主体开展旅游活动的出发点与归宿。

二　文化旅游

关于"文化旅游"，国外最常用的词是"cultural tourism"或"culture tourism"，有时也用"heritage tourism"。总体来看，国外对"文化旅游"概念的理解有广义、狭义和中义三类观点。

广义的观点认为，"文化旅游包括旅游的各个方面，旅游者从中可以了解到旅游目的地人们的历史和遗产，以及他们的当代生活和思想"。[②] 也即在寻求和参与全新或更深文化体验基础上的一种特别的兴趣旅游，这时它与一般的旅游活动区别甚微，因为旅游说到底是一种文化现象，没有文化内容的旅游几乎是不存在的，任何一次旅游经历，都是一次对异质文化的体验。[③] McIntosh 和 Gupta 指出，文化实质上涵盖了旅游的各个方面，通过文化旅游，人们可以互相了解彼此的生活和思想。[④]

---

① 王毅：《论大湘西地区文化产业与旅游业联动发展》，《湖南社会科学》2009 年第 6 期。
② 罗越富：《文化旅游主题式开发研究——以广州为例》，硕士学位论文，华南师范大学，2007。
③ 吴光玲：《关于文化旅游与旅游文化若干问题研究》，《经济与社会发展》2006 年第 4 期。
④ Robert McIntosh, Shashikant Gupta, *Tourism: Principles, Practices, Philosophies*, Grid Publishing Company, 1980.

狭义的观点认为：文化旅游是一种对"异质"事物的瞬间消费，旅游吸引物是比较异常的"那一个"。联合国世界旅游组织（World Tourism Organization，以下简称"世界旅游组织"或UNWTO）于 1985 年指出，"文化旅游"即人们出于文化动机而发生位置移动的行为，如考古旅行、观看表演艺术的旅游、参观历史遗迹的旅游、民俗旅游、宗教朝圣旅游、节事旅游和其他文化事件旅游等。

欧洲旅游与休闲教育协会（ATLAS）1991 年为了研究欧洲各国的文化旅游发展问题，参照学术界对文化旅游的定义后，提出了文化旅游的概念性定义和技术性定义，即通常所说的中义定义。概念性定义是指人们离开他们的日常居住地，为获得新的信息和体验来满足他们文化需求而趋向文化景观的移动；技术性定义则是指人们离开他们的常住地，到文化吸引物所在地的一切移动。①

国内对于文化旅游概念的界定主要是从以下几个方面展开：第一种观点认为文化旅游是一个抽象的概念，是旅游经营者的一种创意思维，是旅游者参与旅游活动的一种方法。如郭丽华（1999）认为文化旅游的关键在文化，旅游只是形式，故文化旅游的定义为："通过旅游实现感知、了解、体察人类文化具体内容之目的的行为过程。"对旅游经营者而言，文化旅游是一种产品设计的战略思路，"文化旅游"作为一种突出旅游吸引物，文化气息的创意可以融入各种形式的旅游产品中去；站在旅游者的角度看，文化旅游则是一种欣赏旅游吸引物的内在美和文化

---

① 罗越富：《文化旅游主题式开发研究——以广州为例》，硕士学位论文，华南师范大学，2007。

历史内涵的旅游方法。① 厉无畏（2007）认为，创意旅游是指用创意产业的思维方式和发展模式整合旅游资源、创新旅游产品、锻造旅游产业链。作为当今旅游产业发展的新模式，创意旅游的发展模式将引领旅游产业的转型，促进旅游产业价值体系的形成与增值，推动城市经济再上新台阶。②

基于文化旅游概念本身丰富的内涵及外延，到目前为止，国内学术界根据不同的研究角度提出了多种观点，综合来看主要有两派："过程说"与"产品说"。

"过程说"认为文化旅游是一种旅游类型。如，马波（1998）在区分旅游文化和文化旅游两个概念时指出，旅游文化与文化旅游是两个截然不同的概念，不能混淆。"旅游文化属于文化的范畴，是文化的一个门类；文化旅游属于运动的范畴，是旅游的一种类型。文化旅游可以促进旅游文化的发展，但其构成要素要比旅游文化简单得多。"③ 文化旅游包括旅游主体、旅游客体和旅游媒介相互作用所产生的物质文明和精神文明成果的总和，这三个要素缺一不可。同时，文化旅游又是以一般文化的内在价值因素为依据，以吃、住、行、游、购、娱的旅游活动为依托，具备较高审美价值和精神提升价值的文化体验，它是一种全新的和独立的旅游形态。④

"产品说"则依据"中国旅游资源普查分类"，将文化旅游界定为满足旅游者文化需求的一种旅游产品。蒙吉军（2001）

① 郭丽华：《略论"文化旅游"》，《北京第二外国语学院学报》1999 年第 6 期。
② 厉无畏、王慧敏、孙洁：《创意旅游：旅游产业发展模式的革新》，《旅游科学》2007 年第 6 期。
③ 马波：《现代旅游文化学》，青岛大学出版社，1998，第 37 页。
④ 李云涛：《文化旅游产业发展的理性反思》，硕士学位论文，黑龙江大学，2009。

认为，文化旅游是指旅游产品的供给者为旅游产品的消费者提供的以学习、研究、考察游览国（地区）文化为主要目的的旅游产品，如历史文化旅游、文学旅游、民俗文化旅游等。① 李秋（2012）指出，从产业的角度考虑，文化旅游是指为了满足旅游者的文化需求而提供的具有针对性的、侧重于文化要素的旅游产品或服务，它是以产品形态来完成生产与消费、价值与使用价值之间的转换。任何可以满足旅游者特定的某一或某几方面文化需求的产品及其组合都是文化旅游。②

综上，鉴于本书研究的目的，将文化旅游定义为：人们离开他们的日常居住地，为获得新的信息与体验来满足其文化需求而趋向文化景观的移动。

第二节 相关文献回顾

一 文化旅游研究概况

文化旅游是一种全新的、知识含量较高的旅游形式③，关于文化旅游的研究亦成为学界和业界关注的热点。截至 2013 年 3 月 10 日 22 时，在中国知网（CNKI）文献总库平台上查找到以"文化旅游"为主题的文献 16826 篇，以"文化旅游"为题名及

① 蒙吉军、崔凤军：《北京市文化旅游开发研究》，《北京联合大学学报》2001 年第 1 期。
② 李秋：《文化资本视域下的城市文化旅游产品开发——以济南市为例》，硕士学位论文，山东大学，2012。
③ 李小丽：《运城市文化旅游发展研究》，硕士学位论文，山西财经大学，2006。

关键词的精确查找条件，搜索到文献 10543 篇，研究文化旅游方面的文献主要是近十年内的，2003～2013 年发表的文章数为 10119 篇，占总数的 95.98%。在旅游学的主要核心期刊——《旅游学刊》《旅游论坛》《旅游科学》中，自 2003 年至今，以"文化旅游"为篇名及关键词的文献分别为 80 篇、48 篇和 37 篇。从表 2-1 所示的有关文化旅游的研究文献的分类中可以看出，学者们对文化旅游的研究集中于定性分析，多以案例研究展开，多数学者致力于遗产地旅游、民俗旅游、节事旅游的研究（文献数量占总数的 49.69%），值得一提的是，近年来，学术界开始关注文化旅游地的可持续发展对旅游的重要意义。

表 2-1　文化旅游文献类型统计

文献类型		文献数量（篇）	所占百分比（%）
理论研究及综述		38	23.03
案例研究类	民族文化、节事旅游类	12	7.27
	遗迹遗址类	17	10.30
	地区、城市文化旅游类	37	22.42
	特色旅游（创意园区等）	16	9.70
文化旅游中的文化保护与可持续发展		19	11.52
其他		26	15.76

使用 Science Direct 数据库，以"cultural tourism"为关键词进行检索，检索到相关文献 1515 篇，其中在最具影响力的期刊 *Annals of Tourism Research*（379 篇）和 *Tourism Management*（344 篇）上发表的文献占总数的 47.72%；2003～2013 年发表的文献为 989 篇，占总数的 65.28%。国外关于文化旅游的研究从最初对文化旅游和文化旅游者等概念的界定逐渐过渡到对特定旅

游地的案例分析，到 20 世纪 70 年代中期，西方学者开始关注旅游活动给旅游目的地造成的影响，尤其是对旅游地的负面影响，并开始关注对旅游目的地的保护工作；到 20 世纪 90 年代中期，遗产地和遗迹旅游逐渐成为国外学者关注的重点，研究集中在遗产旅游的可持续发展、旅游产品的开发、对遗产地居民和社区的影响等方面。

二　文化旅游相关文献回顾

文化旅游的研究成果较为丰富，不同学科的学者如人类学、传播学、行为学、生态学、营销学等都对这一主题有过不同视角的探索，对文化旅游的研究也跨越了遗产遗迹旅游、博物馆旅游、酒文化旅游、表演艺术旅游、文化旅游产品的开发和消费等专题。

Silblerberg（1995）研究了文化旅游为当地博物馆和遗产地带来的商业机会，他认为文化旅游给博物馆和遗产地带来重要的经济利益，同时应出台相关政策对如何吸引游客、加强社区合作和开展市场营销等进行指导，在开发过程中还需要对文化旅游活动经营者进行遗产保护等方面的培训。[1]

Walle（1996）讨论了有关思想形态与文化旅游的问题，认为文化旅游者对旅游地本土居民的看法会影响其自身的旅游体验，并介绍了四类游客对旅游地本土居民的看法，他认为对文化旅游的研究应该站在战略层面来处理其中的多样性问题。[2]

---

[1]　T. Silberberg, "Cultural Tourism and Business Opportunities for Museums and Heritage Sites," *Tourism Management*, Vol. 16, No. 5, June 1995, p. 361.

[2]　A. H. Walle, "Habits of Thought and Cultural Tourism," *Annals of Tourism Research*, Vol. 23, No. 4, April 1996, p. 875.

Nuryanti（1996）认为遗产和旅游之间的复杂关系可以通过传统和现代的矛盾来反映。在后现代旅游活动中，遗产尤其是建筑物遗产是文化旅游的核心内容，因此，遗产与旅游的融合需要解决四个重要挑战：社区居民和游客对遗产的理解、营销、规划以及遗产旅游与当地社区的相互依赖性。[①]

Charters（2002）认为，一些学者试图从消费者的角度对葡萄酒旅游进行研究，但是以往的研究缺乏对酒庄访问者或游客的行为和特征的深入探索，因此提出了一个涵盖旅游目的、旅游者基本动机和与其他旅游活动关系的三维模型（见图2-1），以阐释构成葡萄酒旅游的活动和特定文化和地理差异对葡萄酒旅游的影响。[②]

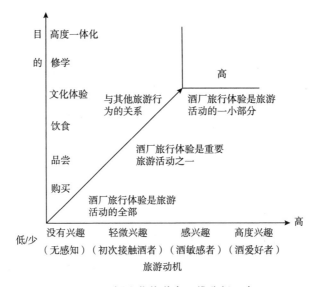

图2-1　酒文化旅游者三维分析示意

资料来源：Steve Charters（2002）。

①　W. Nuryanti, "Heritage and Postmodern Tourism," *Annals of Tourism Research*, Vol. 23, No. 2, Feb. 1996, p. 251.

②　S. Charters, J. Ali-Knight, "Who is the Wine Tourist," *Tourism Management*, Vol. 23, No. 3, 2002, p. 317.

Ivanovic（2008）对文化旅游的流程进行了描述，如图 2 - 2
所示①，并指出由于每一个社会群体都有其独特性，因此，
存在于不同社会中的文化也是截然不同的，这就是文化旅游
存在的原因，人们被不同的部分而不是共同之处所吸引。事
实上，人们希望在短时间内用独特和新奇的事物来替代平凡
的、日复一日的生活，这正是他们进行文化旅游的主要动
机，这也意味着文化旅游或者遗产地旅游的旅游吸引物是文
化的多样性。②

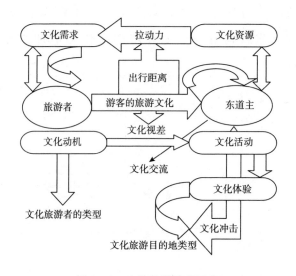

图 2 - 2　文化旅游流程示意

资料来源：Milena Ivanovic（2008）。

Richard（1996）研究了欧洲文化旅游的产品供给和消费情
况后认为，尽管人们对文化遗产旅游的需求会随收入的增加和
受教育程度的提高而上升，但促销对需求的影响比较有限。由
于文化遗产旅游产品的生产会受到空间的限制，再加上文化遗

---

① Milena Ivanovic, *Cultural Tourism*, Juta Legal and Academic Publishers, 2009, p. 101.

② Milena Ivanovic, *Cultural Tourism*, Juta Legal and Academic Publishers, 2009, p. 34.

产旅游产品的消费者主要是一些消费能力有限的新中产阶层，通过促销活动试图促进文化旅游消费仍显得比较困难。①

MacDonald（2003）认为，开发文化旅游已成为农村和欠发达地区在传统产业衰落态势下的一种重要的补充手段。② Hughes 和 Allen（2002）指出，文化旅游之所以变得异常重要，不仅因为它是一个新兴发展的市场，还可能是源于一些政治原因，比如文化旅游可以作为塑造国家形象的手段。与此同时，文化旅游还可以实现文化和旅游之间的互惠互利。③

Medina（2003）从民族志的视角论述了在玛雅文化遗迹伯利兹城的文化旅游发展历程中，文化商品化对玛雅村落传统习惯的影响，研究表明：大部分村民都已放弃土著身份，并通过一些新渠道来响应游客对玛雅文化的需求，他们甚至对自己是否具有玛雅人的身份都持模棱两可的态度。④ Chhabra（2003）认为，可通过感知原真性的方法来评价文化旅游产品的质量，而产品质量又是游客满意度的决定因素。基于对美国北卡罗来纳州弗洛拉麦克唐纳举行的苏格兰高地运动会的游客（使用李克特量表让游客对活动的真实性做出评价）进行调查，结果表明：即使远离文化渊源地，较高的感知真实性也是可以实现的。⑤ Mckercher

---

① G. Richard, "Production and Consumption of European Cultural Tourism," *Annals of Tourism Research*, Vol. 23, No. 2, Feb. Jun. 1996, p. 270.

② R. MacDonald, L. Jolliffe, "Cultural Rural Tourism: Evidence from Canada," *Annals of Tourism Research*, Vol. 30, No. 2, Feb. 2000, pp. 307–322.

③ H. Hughes, D. Allen, "Cultural Tourism in Central and Eastern Europe: The Views of 'Induced Image Formation Agents'," *Tourism Management*, Vol. 26, No. 2, Feb. 2005, p. 174.

④ L. K. Medina, "Commoditizing Culture: Tourism and Maya Identity," *Annals of Tourism Research*, Vol. 30, No. 2, Feb. 2003, p. 354.

⑤ D. Chhabra, R. Healy, E. Sills, "Staged Authenticity and Heritage Tourism," *Annals of Tourism Research*, Vol. 30, No. 3, Mar. 2003, p. 703.

（2004）以香港为例研究后指出，文化旅游的五个要素涵盖文化旅游产品、旅游体验、市场营销活动、文化内涵、领导和管理，其中前三个要素对文化旅游地的发展非常重要。同时，旅游服务设施是旅游地开发的重要条件，文化旅游地的多功能性是影响旅游目的地受欢迎程度的关键因素。[①]

国内学者对文化旅游的研究多是围绕某个地区或某种特定的旅游吸引物展开的，例如，张生寅对青海文化旅游的发展提出了若干建议[②]；韩国春等探讨了基于河北省历史名人文化资源的旅游开发原则和方法[③]；杨洪等指出，应通过加强政府对文化旅游业发展的宏观指导来发展湖南省的文化旅游产业[④]；张慧霞等认为，山西具有丰富的文化资源，应重点发展以旅游为载体的文化旅游产业[⑤]；蒙吉军等通过对北京市文化资源的分析，设计出 11 条文化旅游线路[⑥]；贝舒莉研究了以客家山歌为吸引物的揭西县文化旅游开发的意义[⑦]；张跃西探讨了竹文化旅游资源对旅游业开发的重要意义。[⑧] 还有一些学者从产业经济学的视角，借助产业链和产业集聚等理论对文化旅游业进行了分析，

① B. McKercher et al. , "Attributes of Popular Cultural Attractions in Hong Kong," *Annals of Tourism Research*, Vol. 31, No. 2, Feb. 2004, p. 394.

② 张生寅：《加快青海文化旅游产业发展的几点思考》，《青海社会科学》2011 年第 3 期。

③ 韩国春、蔚华萍、吕雪菊：《简述河北历史名人文化旅游开发的原则与方法》，Proceedings of the 2011 International Conference on Information, Services and Management Engineering（ISME 2011, Vol. 3）。

④ 杨洪、邹家红：《湖南省文化旅游产业发展研究》，《产业与科技论坛》2008 年第 7 期。

⑤ 张慧霞、董红梅：《加快发展山西文化旅游产业的战略思考》，《生产力研究》2001 年第 6 期。

⑥ 蒙吉军、崔凤军：《北京市文化旅游开发研究》，《北京联合大学学报》2001 年第 1 期。

⑦ 贝舒莉：《揭西县客家山歌文化旅游开发价值研究》，《神州民俗》（学术版）2011 年第 3 期。

⑧ 张跃西：《论发展竹文化旅游业》，《旅游学刊》1996 年第 4 期。

如王忠云从产业演化的视角对民族文化旅游业的发展进行研究[①]；丁新军等提出了唐山市文化旅游产业链的培育和优化的措施[②]；郭莉认为应当充分利用旅游乘数效应来延伸文化旅游产业链[③]；王克岭等指出，西部民族地区的地方政府应强化对文化旅游业的规划和组织引导，有计划、有步骤地逐步提升购和娱两个薄弱环节，促进旅游业结构升级，培育"头雁"，打造产业价值链微笑曲线，以促进西部民族地区文化旅游业的持续发展。[④]

在对文化旅游的概念、经济效益、开发模式等方面进行探讨之后，许多学者意识到文化旅游的开发活动会对旅游吸引物（无论是旅游地本身还是旅游地蕴含的特殊文化资源）造成破坏，因此，开发过程中如何平衡旅游产业开发和文化旅游资源的保护就显得尤为重要。

通过借鉴可持续发展的理念，很多学者开始探索文化旅游的可持续发展路径。MacCannell（1973）借鉴了社会学家 Goffman 的"拟剧论"（Dramaturgical Perspective），提出对旅游地的开发应该分为"前台"和"后台"两部分。前台是旅游地居民展示自己独特的民族文化或者其他文化旅游资源的空间，游客可以参与其中，体验独特的民族风情；后台则是旅游地居民的真实生活，保留着原始的生活方式和风俗习惯，是民族文化传承和保护的重要空间。[⑤]

---

① 王忠云、张海燕：《基于生态位理论的民族文化旅游产业演化发展研究》，《内蒙古社会科学》（汉文版）2011 年第 2 期。

② 丁新军、王艳萍、田菲、王翠清：《论唐山市文化旅游产业链的培育与优化》，《唐山学院学报》2010 年第 1 期。

③ 郭莉：《利用旅游乘数效应，延伸福建文化旅游产业链》，《金融经济》2012 年第 16 期。

④ 王克岭、毕锋：《产业链视角下的西部民族地区文化旅游业可持续发展思考》，《思想战线》2010 年第 5 期。

⑤ MacCannell Dean, "Staged Authenticity: Arrangements of Social Space in Tourism Settings," *American Journal of Sociology*, Vol. 79, No. 3, Mar. 1973, pp. 589 – 603.

McKercher（2004）以香港为例研究了旅游业和文化遗产管理之间的关系，研究表明：把遗产资源作为旅游产品是极其合理的，但是在实际操作过程中却非常困难，因为旅游和文化遗产管理涉及不同的管理要求和侧重点，大多数文化旅游吸引物并非一开始就是为了开发旅游活动而存在的。事实上，旅游业与文化遗产管理活动是不断发展着的连续体，二者之间的关系大致可以划分为七种类型。①

Hughes（2002）认为文化旅游的作用不仅是作为一个新兴产业给旅游地增加经济价值，更重要的是它能促进当地旅游业的发展和文化保护的互利，旅游地可以将开发文化旅游获得的收益用于对文化资源的保护和提升。②

Ondimu（2002）基于对肯尼亚西部 Gusii 社区的居民进行的问卷调查，并借助 SPSS 软件对结果进行分析，筛选出 11 个需要保护的文化遗产因子，同时指出，游客正是被旅游地的文化资源吸引才到文化遗产地进行参观，文化旅游地应重视对文化遗产资源的保护。③

Russo（2002）通过对欧洲四个城市的分析，构建了一个涵盖城市旅游产品质量、可获得性和图像投影（image projection）三个因素的框架，来评估是否应通过加大对文化和旅游设施的投资来回应旅游市场的繁荣，并指出旅游产品中的"软要素"

① P. S. Y. Ho, B. McKercher, "Managing Heritage Resources as Tourism Products," *Asia Pacific Journal of Tourism Research*, Vol. 9, No. 3, Mar. 2004, pp. 255 – 266.

② H. Hughes, "Culture and Tourism: A Framework for Further Analysis," *Managing Leisure*, Vol. 7, No. 3, Mar. 2002, pp. 164 – 175.

③ Kennedy I. Ondimu, "Cultural Tourism in Kenya," *Annals of Tourism Research*, Vol. 79, No. 4, April, 2002, pp. 1036 – 1047.

对吸引国际游客来说是至关重要的。[①]

Ko（2005）基于对 1992~2000 年旅游可持续性评估相关文献的回顾，提出了一个用于评估旅游可持续性的概念性框架，该框架包括两个重要模型，一个是旅游可持续性晴雨表（Barometer of tourism sustainability，BTS），另一个是旅游可持续性指标阿米巴虫图（AMOEBA of tourism sustainability indicators，ATSI）。[②]

国内也有学者从可持续发展的视角对文化旅游的开发进行探索。郭颖指出，少数民族文化旅游的开发在一定程度上促进了少数民族地区的经济发展和民族文化的保护，但同时也可能给少数民族地区的社会文化带来负面的影响，并以泸沽湖地区为例，从文化人类学的视角探讨了少数民族地区文化旅游资源保护的方式和开发的模式。[③] 林龙飞等认为，随着旅游业的发展，旅游对民族文化有一定的积极影响，但同时民族文化的"失真"已经成为开发过程中越来越突出的问题，因此，在旅游的开发中，必须彰显民族特色，对民族文化进行有效的保护，构建民族文化旅游开发与保护机制。民族文化旅游的开发与保护，应根据民族文化的特点、分布状况、区位特征等情况的不同，构建不同的开发与保护机制。[④] 杨振之在 MacCannell 提出的

[①] A. P. Russo, J. Van Der Borg, "Planning Considerations for Cultural Tourism: A Case Study of Four European Cities," *Tourism Management*, Vol. 23, No. 6, July 2003, pp. 631–637.

[②] Tae Gyou Ko, "Development of a Tourism Sustainability Assessment Procedure: A Conceptual Approach," *Tourism Management*, Vol. 26, No. 3, 2005.

[③] 郭颖：《试论少数民族地区文化旅游资源的保护与开发——以泸沽湖地区为例》，《旅游学刊》2001 年第 4 期。

[④] 林龙飞、杨斌：《论民族旅游发展中的民族文化失真与保护》，《贵州民族研究》2007 年第 5 期。

"前台、后台"开发模式的基础上指出,针对民族文化保护与旅游开发的矛盾,应采用"前台、帷幕、后台"这一新模式来解决,但到目前为止,这一模式尚未在我国旅游开发中被应用。①

综上所述,文化旅游的可持续发展已经成为学界关注的焦点,但相关研究多是通过案例分析探索可持续的开发模式,缺乏对其可持续性的定量研究。

三 云南文化旅游文献述评

有关云南文化旅游的研究成果多集中于 2007 年之后,尤其是 2010 年以来,成果较为集中。2005 年,随着云南开始实施旅游"二次创业"战略,许多学者开始从不同视角对云南文化旅游进行研究,这些研究大多是围绕某一旅游目的地或者某种特殊的文化特质展开的。周智生以丽江为例,指出云南省等西部民族旅游地的开发均是借助区域主体民族文化走向兴盛的。② 李维锦从旅游资源、发展模式、开发策略等方面探讨了云南茶文化旅游的开发,指出在文化旅游的开发过程中应注重文化生态的保护,进而探索了茶文化生态旅游活动的开发模式。③

杨子江等基于对丽江古城的田野调查,通过定量分析的方法探索了游客的旅游真实性结构情况,进一步挖掘了古城文化型景区旅游真实性和旅游动机的内在联系,为文化型景区的规

---

① 杨振之:《前台、帷幕、后台——民族文化保护与旅游开发的新模式探索》,《民族研究》2006 年第 2 期。
② 周智生:《多元文化资源整合与区域文化旅游创新发展——以云南丽江为例》,《资源开发与市场》2007 年第 1 期。
③ 李维锦:《茶文化旅游:一种新的文化生态旅游模式——以云南茶文化生态旅游为例》,《学术探索》2007 年第 1 期。

划和旅游市场的研究提供了指导。[①] 陈刚等基于工商人类学的视角，对泸沽湖地区民族文化旅游商品市场和消费者行为研究后认为，地处文化旅游景区的旅游商品市场应充分展示景区文化的突出特征，并利用文化因素来吸引游客购物。[②]

近年来，学者们的研究重点逐渐转移到旅游行为给旅游目的地带来的影响上来，认为民族文化旅游化保护，是民族旅游社区文化传承保护与文化可持续发展的共同要求[③]，进而指出应加大对云南旅游目的地文化资源的保护力度，走可持续的文化旅游开发之路。

第三节　小结

本章通过对"旅游"和"文化旅游"相关文献的回顾，对"旅游"和"文化旅游"的内涵进行了阐释，同时回顾并梳理了国内外关于文化旅游研究的相关文献，并得出如下结论。

（1）随着旅游业的蓬勃发展，文化在旅游中的作用和地位日益重要，但是目前学界对文化旅游的概念尚未形成统一和被广泛接纳的认识。

（2）国内外对文化旅游的研究大多是以案例的形式展开，多集中在遗产地旅游、城市区域文化旅游开发、民族民俗文化

[①] 杨子江、王秀红：《古城文化型景区旅游真实性实证研究——以丽江古城为例》，《旅游研究》2010年第4期。

[②] 陈刚、白廷斌：《川滇泸沽湖地区民族文化旅游商品市场调查——以工商人类学为视角》，《黑龙江民族丛刊》2012年第3期。

[③] 桂榕、吕宛青：《旅游—生活空间与民族文化的旅游化保护——以西双版纳傣族园为例》，《广西民族研究》2012年第3期。

旅游、特色文化旅游等方面，定量研究仍比较缺乏。

（3）随着人们对文化和环境等问题认识的深化，越来越多的学者开始关注文化旅游的可持续性和文化生态保护的问题。

（4）学界、业界有关云南文化旅游开发和保护等问题的研究还比较凌乱，如何充分发挥云南文化旅游资源的优势，运用系统的思路对文化旅游发展的模式、路径进行探索的相关研究，仍然值得期待。

第三章

西部民族地区旅游业发展的态势

　　1978 年改革开放以来，中国旅游业开始起步。经过 30 多年的发展，中国已成为一个资源丰富、市场广阔、潜力巨大的世界旅游大国。2011 年，中国旅游业保持平稳发展。国内旅游市场保持较快增长，入境旅游市场实现平稳增长，出境旅游市场继续快速增长。全年共接待入境游客 1.35 亿人次，实现国际旅游（外汇）收入 484.64 亿美元，分别比上年增长 1.2% 和 5.8%；国内旅游人数 26.41 亿人次，收入 19305.39 亿元人民币，分别比上年增长 13.2% 和 23.6%；中国公民出境人数达到 7025 万人次，比上年增长 22.4%；旅游业总收入 2.25 万亿元人民币，比上年增长 20.1%。[①] 国家旅游局统计显示，2001 年，中国公民出境游目的地仅有 18 个（含港澳），出境旅游人数 1213 万人次；截至 2012 年末，中国已批准 146 个国家和地区为中国公民组团出境旅游目的地，其中 114 个已正式实施组团业务。中国已成为世界瞩目的国际旅游目的地、亚洲第一大出境

---

　　① 2011 年中国旅游业统计公报［EB/OL］，http：//www.cnta.gov.cn/html/2012 - 10/ 2012 - 10 - 25 - 9 - 0 - 71726. html，2012 - 10 - 25。

旅游客源国和世界第三大出境消费国，同时也是全球规模最大的国内旅游市场。[①]

近年来，我国旅游经济稳健运行，国内旅游、入境旅游和出境旅游均保持高速增长，区域旅游业发展的总体格局呈现为：东部地区保持领先优势，中西部地区保持持续稳定增长的态势。尽管东部地区的旅游业相较于中西部地区表现出明显的优势，说明东部地区在我国区域旅游发展中仍具有明显的主导地位，但中西部地区也获得了快速发展，从旅游发展现状和发展趋势上看，中西部地区，尤其是西部少数民族地区的活力尚未得到充分释放，仍然存在较大的增长空间。

随着世界文化经济的发展，越来越多的传统文化遗产作为一种资源参与经济活动中，尤其是在旅游产业中，通过对文化资源的开发利用，使其转变成文化产品和文化商品，实现了文化资源的产业化转化，发挥出文化旅游的巨大作用。一方面，为区域经济发展、社会进步和人民生活水平的提高发挥了重要作用；另一方面，文化旅游经济的发展为民族文化的传承、传播与繁荣作出了巨大的贡献。

我国西部地区，尤其是西部少数民族地区地域辽阔、民族众多、地形地貌复杂多样，再加上历史悠久，孕育了丰富的自然旅游资源及人文旅游资源，在全国具有旅游资源的比较优势，具备发展旅游业的良好基础和条件。然而，由于历史、经济、社会等综合因素制约，西部少数民族地区旅游经济发展水平与我国其他地区相比存在明显的差距，与自身拥有的资源优势仍

---

① 出境游人数 10 年增 3 倍 [EB/OL]，http：//epaper. syd. com. cn/sywb/html/2012 - 11/05/content_ 859446. htm，2012 - 11 - 05。

不相称。近年来，西部少数民族地区旅游发展的硬环境、软环境得到了显著改善，但是长期以来西部少数民族地区旅游资源转化为旅游产品的速度仍比较缓慢，因此，通过体制、机制创新促进西部地区、特别是西部少数民族地区旅游资源的开发，实现优势旅游资源向优势旅游产品的转化，依然任重道远。

第一节 西部民族地区旅游业发展的现状

随着我国国民经济的持续增长和人均 GDP 的不断提高，居民国内旅游呈现出快速增长的态势。国家旅游局的统计资料显示，2002 ~2011 年国内旅游经济呈较快增长，旅游收入从 3878 亿元增至 19306 亿元，年均增速达 19.52%；国内旅游客流量从 8.8 亿人次增至 26.4 亿人次，年均增速达 12.98%。在国内整体旅游经济快速增长的大背景下，西部民族五省区旅游经济亦呈现出蓬勃发展的良好态势，旅游收入和旅游客流量均呈上升趋势。西部民族五省区国内旅游收入由 2002 年的 615.65 亿元上升至 2011 年的 3752.32 亿元，年均增速达 22.24%，接待国内旅游总人数由 2002 年的 1.22 亿人次增至 2011 年的 4.34 亿人次，年均增速达 15.14%，如图 3 - 1 所示。

图 3 - 1 显示，云南、广西、内蒙古、新疆、西藏五省区 2002 年及 2011 年虽然在国内旅游收入、国内旅游人数的发展水平上有较大差异，但均呈现出快速增长的趋势。

（1）云南国内旅游收入 2002 年为 255 亿元，2011 年增至 1195.73 亿元，年均增速达 18.73%，接待国内旅游人数 2002 年为 0.51 亿人次，2011 年增至 1.63 亿人次，年均增速达 13.78%。

（2）广西国内旅游收入 2002 年为 201.11 亿元，2011 年增至 1209.46 亿元，年均增速达 22.06%，接待国内旅游人数 2002 年为 0.49 亿人次，2011 年增至 1.73 亿人次，年均增速达 15.05%。

（3）内蒙古国内旅游收入 2002 年为 70 亿元，2011 年增至 847.28 亿元，年均增速达 31.92%，接待国内旅游人数 2002 年为 0.12 亿人次，2011 年增至 0.52 亿人次，年均增速达 17.69%。

（4）新疆国内旅游收入 2002 年为 83.95 亿元，2011 年增至 411 亿元，年均增速达 19.30%，接待国内旅游人数 2002 年为 0.1 亿人次，2011 年增至 0.38 亿人次，年均增速达 15.99%。

（5）西藏国内旅游收入 2002 年为 5.59 亿元，2011 年增至 88.85 亿元，年均增速达 35.98%，接待国内旅游人数 2002 年为 72.5 万人次，2011 年增至 800 万人次，年均增速达 30.38%。

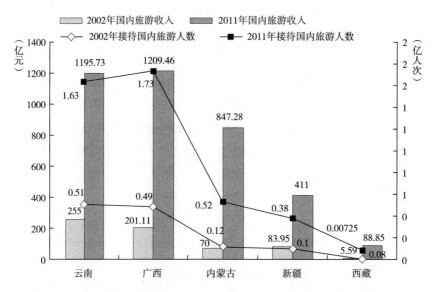

图 3-1　西部民族五省区 2002 年、2011 年国内旅游收入及接待人数示意

与此同时，随着我国全球影响力的不断提高，以及参与的国际事务逐年增多，越来越多的海外游客开始对中国产生好奇。2002～2011 年，我国接待入境旅游人数从 9791 万人次上升至13542 万人次，年均增速达 3.67%；旅游外汇收入从 204 亿美元增至 485 亿美元，年均增速达 10.01%。西部民族五省区的旅游外汇收入由 2002 年的 9.83 亿美元上升至 2011 年的 37.19 亿美元，年均增速达 15.93%；接待入境旅游人数由 2002 年的346.29 万人次增至 2011 年的 1377.61 万人次，年均增速达16.58%，其中，云南、广西、内蒙古、新疆、西藏五省区亦在发展水平上有较大差异，但均呈现出快速增长的趋势，如图3-2 所示。

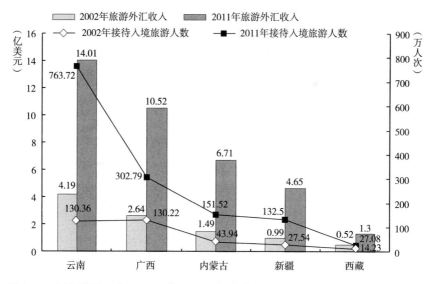

图 3-2 西部民族五省区 2002 年、2011 年旅游外汇收入及接待入境旅游人数示意

（1）云南旅游外汇收入 2002 年为 4.19 亿美元，2011 年增至 14.01 亿美元，年均增速达 14.35%；接待入境旅游人数 2002年为 130.36 万人次，2011 年增至 763.72 万人次，年均增速

达 21.71%。

（2）广西旅游外汇收入 2002 年为 2.64 亿美元，2011 年增至 10.52 亿美元，年均增速达 16.60%；接待入境旅游人数 2002 年为 130.22 万人次，2011 年增至 302.79 万人次，年均增速达 9.83%。

（3）内蒙古旅游外汇收入 2002 年为 1.49 亿美元，2011 年增至 6.71 亿美元，年均增速达 18.20%；接待入境旅游人数 2002 年为 43.94 万人次，2011 年增至 151.52 万人次，年均增速达 14.75%。

（4）新疆旅游外汇收入 2002 年为 0.99 亿美元，2011 年增至 4.65 亿美元，年均增速达 18.75%；接待入境旅游人数 2002 年为 27.54 万人次，2011 年增至 132.5 万人次，年均增速达 19.07%。

（5）西藏旅游外汇收入 2002 年为 0.52 亿美元，2011 年增至 1.3 亿美元，年均增速达 10.72%；接待入境旅游人数 2002 年为 14.23 万人次，2011 年增至 27.08 万人次，年均增速达 7.41%。

此外，随着国民收入和生活水平的提高，我国居民因私出境旅游呈较快增长趋势，2002～2011 年，我国出境旅游人数从 1660.23 万人次，上升至 7025 万人次，年均增速达 17.38%，其中，因私出境人数的占比均保持在 80% 以上，如表 3-1 所示。从区域发展态势来看，由于我国东、中、西部经济发展水平的差异，东部地区长期以来一直是中国出境旅游主要的客源地，但随着中、西部地区的经济实力和开放程度的逐步提升，中、西部地区出境旅游市场增长潜力正在得到不断释放。从全国出境游组团社包括华远、凯撒等的统计，中部地区出境游的人次增长率达53%，西部地区的增长率达47%，这两个数据均超过全国42%的平均增长率，其中包括湖北、湖南、宁夏、新疆这样一些中西部省份，都实现了超过70%的高速增长，未来出境游客源增长的潜力市场主要集中在西部地区。[①]

表3-1　2006～2011年我国出境人数、因私出境人数及其占比

单位：万人

年　份	2006	2007	2008	2009	2010	2011
出境人数	3552.4	4095.4	4584.44	4765.62	5738.65	7025
因私出境人数	2879.9	3492.4	4013.2	4220.97	5150.79	6411.79
因私出境占比（%）	81.07	85.28	87.54	88.57	89.76	91.27

　　由于受旅游资源禀赋、旅游投资、交通区位、区域经济、地方政策等方面的影响，西部民族五省区之间的国内旅游、入境旅游在发展水平上存在较大差异，如表3-2所示。就国内旅游收入而言，2011年，云南省的旅游收入达1300.29亿元，而处于五省区末位的西藏自治区仅97.06亿元，二者相差1203.23亿元；就国内旅游发展速度而言，内蒙古、西藏的增速较高，这在某种程度上亦体现出其发展的后发优势。

　　综上，云南、广西二省区文化旅游资源相对比较丰富，自然生态环境良好，对国内外游客的吸引力比较强，旅游业的发展无论在旅游收入，还是在接待游客人数方面，在五省区中处于第一阵营；而内蒙古和新疆的旅游业，在五省区中处于第二阵营；西藏则由于地理位置、环境、经济基础等原因，其旅游

---

① 《中国出境旅游发展年度报告2012》［EB/OL］，http：//travel. sohu. com/20120411/
n340296999. shtml，2012-04-11。

业发育程度依然偏低，与全国平均水平相比发展相对滞后，旅
游业规模相对较小，处于第三阵营。但西藏旅游业已经由原来
的民间友好往来范畴成长为一个集入境、出境、国内三大市场
为一体的旅游客源体系完整的产业，同时，还开发了一批如雪
顿节、雅砻文化节、羌塘赛马节、珠峰旅游文化节、林芝桃花
节等具有地方特色、民族风情的旅游节庆产品，2011 年旅游业
在西藏自治区 GDP 中的占比达 16.02%，日益成为西藏自治区
经济新的增长点、经济社会发展的支柱产业。

表 3－2　西部民族五省区旅游业发展现状（2011）

省　区	云　南	广　西	内蒙古	新　疆	西　藏
旅游收入（亿元）	1300.29	1277.81	889.55	440.36	97.06
占全省（区）GDP 的比重（%）	14.86	10.91	6.24	6.70	16.02
接待国内游客人数（亿人次）	1.63	1.73	0.52	0.38	0.08
接待入境游客人数（万人次）	763.72	302.79	151.52	132.50	27.08
国内旅游收入（亿元）	1195.73	1209.46	847.28	411	88.85
国际旅游外汇收入（亿美元）	14.01	10.52	6.71	4.65	1.30

　　资料来源：根据《中国旅游年鉴（2012）》（中国旅游出版社，2012 年）相关数据整理
得到。

第二节　西部民族地区旅游业发展的政策支持

　　只有文化与旅游的有机融合才能实现文化和旅游的共同繁
荣，文化与旅游的有机融合是旅游经济重要的增长点。经济与
文化的融合是当今世界经济发展的大趋势。文化旅游的综合性
特点决定了政府主导的重要性，也决定了政府在文化旅游发展
中扮演着重要角色。在西部民族地区的旅游发展中，很多问题
仅靠市场自身不能完全解决，需要政府来引导实施和完成，特

别是文化旅游资源的保护性开发和可持续利用，必须由政府通过规划编制和政策指导、信息发布以及规范市场准入等举措，保护文化旅游资源和抑制无序竞争、盲目重复建设等。

国际旅游业发展的成功实践表明，国家或地区对旅游业的政策支持与宏观调控规划指导，是加快旅游业发展，实现赶超战略目标的必要措施与重要工具。[①]

20世纪90年代以来，西部民族五省区地方政府基于对旅游产业带动区域经济社会发展作用的深刻认识和预期厚望，各省、自治区党委、政府把握战略层面，提升旅游产业地位，纷纷在将旅游产业纳入国民经济和社会发展规划，提上重要议事日程的基础上，给予明确的支柱产业、龙头产业等的产业发展战略定位，并适时出台了加快旅游业发展的政策措施，为区域旅游产业的发展提供了政策支持和动力保障，希冀以此推动旅游产业的快速发展，做大做强旅游经济。

在上述促进旅游业发展的政策文件指导下，西部民族五省区的各地（市）、州、县出台了相关配套文件，重点建立和完善旅游业投入、规费减免、奖励机制等扶持政策，这些政策的颁布与实施，有力地强化了旅游扶持政策支撑体系，为西部民族五省区旅游业又好又快发展创设了良好的政策环境。

早在"八五"计划期间，云南、新疆就发布了加快旅游业发展的《决定》；在"九五"计划期间，西藏、广西、内蒙古先后颁布了《决定》，反映了发展旅游业带动国民经济增长已经得到了西部民族省区的共识；在"十五"计划期间，2001年4

---

① 王志东：《中国地方政府促进旅游业发展政策支持实证研究》，《东岳论丛》2005年第5期。

月 11 日，国务院发布了《关于进一步加快旅游业发展的通知》（以下简称《通知》），《通知》明确要求全国上下共同努力，为在 2020 年把我国建设成为世界旅游强国而奋斗。

为贯彻落实国务院的《通知》精神，全国各省、自治区、直辖市涌现了一轮出台贯彻国务院文件精神，加快旅游业发展《决定》的高潮。其中，云南省政府于 2001 年 6 月 30 日颁布了《贯彻国务院关于进一步加快旅游业发展的通知的实施意见》，广西壮族自治区政府于 2001 年 11 月 22 日颁布了《关于进一步加快广西特色旅游业发展实施意见》，新疆维吾尔自治区党委、政府于 2001 年 12 月 27 日颁布了《关于进一步加快旅游业发展的决定》，充分显示了西部民族地区各省区政府大力发展旅游业、带动区域经济社会发展的决心和工作力度（见表 3 - 3）。

表 3 - 3　西部民族五省区发布《决定》情况

序　号	地　区	发布时间	发布主体	文件名称	产业定位
0	国家	2001. 04. 11	国务院	《关于进一步加快旅游业发展的通知》	进一步发挥旅游业作为国民经济新的增长点的作用
1	云南（1）	1992. 07	政府	《关于大力发展旅游业的意见》	进一步加快全省旅游支柱产业建设，促进旅游资源大省向旅游经济强省转变
	云南（2）	2001.06.30	政府	《贯彻国务院关于进一步加快旅游业发展的通知的实施意见》	
2	广西（1）	1997.08.15	党委政府	《关于加快旅游业发展，建设旅游大省的决定》	建设成为特色鲜明、设施完善、服务一流、驰名中外的旅游先进省区
	广西（2）	2001. 11. 22	政府	《关于进一步加快广西特色旅游业发展实施意见》	

续表

序　号	地　区	发布时间	发布主体	文件名称	产业定位
3	内蒙古	1999.02.08	党委政府	《关于加快旅游业发展的决定》	要切实把旅游业作为第三产业的龙头产业、提高人民生活质量和加快脱贫致富的高效产业
4	新疆（1）	1995.12.20	政府	《关于加快发展旅游业意见的通知》	将旅游业列为全区经济发展具有优势和潜力的产业，加快培育旅游支柱产业，努力实现从资源大区向旅游强区的跨越
	新疆（2）	2001.12.27	党委政府	《关于进一步加快旅游业发展的决定》	
5	西藏	1996.08.05	政府	《关于加快发展旅游业的决定》	建成国民经济的支柱产业

　　注：各地方政府出台的加快旅游业发展的政策性文件，名称各异，或为《决定》，或为《意见》，或为《通知》，为表述方便，行文中统一称为《决定》，特此说明。

　　资料来源：王志东：《中国地方政府促进旅游业发展政策支持实证研究》，《东岳论丛》2005 年第 5 期。

第三节　西部民族地区文化旅游发展的基础

　　基于"沿边"的省区特征、"少数民族聚居"的民族特质及"国家角度"的综合考量，本书将西部少数民族地区的地理空间范围界定为地处边疆且民族众多的云南、广西、内蒙古、新疆和西藏（以下简称"西部民族五省区"），视之为西部少数民族地区的一种典型类别。西部民族五省区分别与缅甸、老挝、越南、蒙古国、俄罗斯、印度、不丹、尼泊尔、哈萨克斯坦、吉尔吉斯斯坦、塔吉克斯坦、巴基斯坦、阿富汗等国接壤，面积约占全国陆地面积的 1/2，陆地边界约占全国陆地边界总长的 83%，幅员辽阔，资源丰富，生态脆弱，但文化生境保持相对良好。西部民族地区地广人稀，少数民族众多，民族风情浓郁，人文景观丰富多彩，旅游资源十分丰富。西部民族五省区 2011 年人口总量及经济总量如表 3 - 4 所示。

表 3 - 4　2011 年西部民族五省区人口总量及经济总量

省　区		云　南	广　西	内蒙古	新　疆	西　藏
人口总量（万人）		4631	4645	2482	2209	303
经济总量（亿元）		8893.12	11720.87	14359.88	6610.05	605.83
其中	第一产业	1411.01	2047.23	1306.30	1139.03	74.47
	第二产业	3780.32	5675.32	8037.69	3225.90	208.79
	第三产业	3701.79	3998.32	5015.89	2245.12	322.57

资料来源：国家统计局编著《2012 中国统计年鉴》，中国统计出版社，2012。

好的旅游产品（项目）的开发与创新离不开文化的浓缩与创新，但旅游产品并不仅仅是文化产品。好的旅游产品的开发，必须以有特色、有内涵的文化为中心，与人们的其他旅游需求满足（涉及健康、娱乐、知识、休闲、经历、体验、投机、交友、猎奇等）有机结合，形成和谐一致、有延伸、有层次的旅游价值链。[①] 传统文化资源是西部民族地区发展旅游业的重要资源基础。中央在西部大开发战略中明确提出把旅游资源作为优势资源，把旅游业视为西部地区"有市场前景的特色经济和优势产业"之一，应抓紧抓实。20 世纪 90 年代以来，西部民族地区纷纷将旅游业列为先导产业、新的经济增长点或优势产业、第三产业中的支柱产业，因此，对西部民族地区旅游业发展的资源基础和基础设施进行审视，以便较全面地把握西部民族地

---

① 宝贡敏：《文化在打造有可持续竞争优势的旅游产品（项目）中的作用》，第五届（2010）中国管理学年会——组织与战略分会场，2010 年。

区文化旅游业发展的优势及其不足。

一　西部民族地区文化旅游发展的资源基础

旅游资源是自然界和人类社会中吸引旅游者的各种要素的统称，既包括自然山水、优美生态，又包括历史文化、民俗风情、人文景观，还包括高品位的基础设施、引领时尚的核心载体等。旅游资源作为旅游活动的主要对象，是发展旅游业的前提和基础。旅游资源的规格、数量、品位及特色，在一定程度上决定着一个国家或地区旅游发展的规格和水平。随着旅游活动方式和内涵正由过去的自然观光型向休闲度假和文化体验并重型转变，文化资源的禀赋和开发程度在旅游业发展中的地位和作用日趋重要。

在我国，各民族、各区域都有其积淀厚重的、不可替代的具有特质和特色的历史文化、民族文化资源，特别是在经济社会欠发达的广大西部地区，富有特色的历史文化、民族文化资源的良好禀赋，无疑为西部地区发展文化旅游提供了强有力的支撑。

西部地区是华夏文明的重要发源地，东西方文明在这里交汇融合。西部具有极为丰富的文化资源，民俗、宗教、艺术的多元融合，形成了世界上罕见的文化富矿。丝绸之路、敦煌莫高窟、秦始皇兵马俑、西夏王陵、楼兰古国、布达拉宫、大理古城、丽江古城等历史文化遗产是世界文化史上的一个个奇迹，历来为世界所瞩目，是中华文明的重要象征。

西部又是我国少数民族及其文化的荟萃之地。西部是我国少数民族最多的地区，除黎族、满族、朝鲜族、赫哲族、畲族、高山族外，其他 49 个少数民族在西部都有相对集中的聚居区。各民族在西部广袤的土地上，在长期的历史变迁中孕育出了灿烂的文化。博大精深的少数民族民间艺术和宗教艺术以及民俗文化，特色鲜明，丰富多彩，犹如一个巨大的民族民间文化艺术宝库。这些丰富的民族文化资源无形中夯实了西部文化建设的基础，使西部地区具备了良好的文化旅游产业发展的资源禀赋和极大的发展潜力。①

从一定角度看，旅游产业是同一文化内、不同文化间的交流、同化与异化的载体、产业，是一种文化性产业，最起码是与文化紧密相关的产业②，因此，文化是旅游产品（项目）之"魂"、之"神"，即便是在以自然风光作为主要吸引物的产品（项目）中，旅游业也并不完全依赖于自然旅游资源。例如，贵州黄果树国家级风景名胜区，游客来到这里，不仅能欣赏壮美的大瀑布，还能观赏独具特色的民族文化表演，如果有幸在一年一度的黄果树瀑布节期间来到安顺，还可以观看到黄果树瀑布节的"唱山祭水"大典，大典活动以民俗展演和传统的祭祀形式，展示了安顺丰富多彩的民族民间文化。确切地说，黄果树景区自然资源和文化资源融合统一的资源基础，造就了黄果树独特的观光和度假魅力。

综上，自然风光和地域文化是区域旅游资源的两大基本要素，它们共同为旅游业发展奠定了资源基础。而民族文化是最

---

① 王克岭：《微观视角的西部地区少数民族文化产业可持续发展研究》，光明日报出版社，2011，第74页。

② 宝贡敏：《文化在打造有可持续竞争优势的旅游产品（项目）中的作用》，第五届（2010）中国管理学年会——组织与战略分会场，2010 年。

具特色的旅游资源，民族村落、建筑形式、生活方式、服饰饮
食、宗教信仰、音乐歌舞、节庆活动等民族文化资源是现代旅
游产品的典型吸引物。西部民族地区的文化旅游资源均比较丰
富和独特，如果仅从文化旅游资源的数量上与东、中部相比较，
西部民族地区可能并没有太多的优势可言，但从资源的特性和
内涵来看，西部民族地区多元独特的民族历史文化是其他一些
省份所不具备的，有着自己鲜明的特色，具有一定的独特性和
垄断性，如表 3 - 5 所示。

表 3 - 5　西部民族地区主要文化旅游资源（2010）

单位：个，万件

省　区	云　南	广　西	内蒙古	新　疆	西　藏
世界文化遗产	3	1	1	1	1
历史文化名城	5	3	1	4	3
旅游景区总数	137	128	164	176	29①
文物保护管理机构	120	61	87	96	207
国家级非物质文化遗产	73	27	49	59	41
艺术表演场馆	36	24	26	15	21
博物馆	120	64	54	71	2
馆藏文物	35.85	27.95	40.85	11.94	3.26

资料来源：文化部编著《中国文化文物统计年鉴（2011）》，国家图书馆出版社，2011；
其中，个别数据为笔者查阅相关资料后进行了更新。

西部民族五省区在文化旅游资源的禀赋、开发和利用方面
存在着较大的差异。表 3 - 5 显示：西部民族五省区的文化旅游
资源均较为丰富、独特，仅从文化旅游资源的数量上比较，西
部民族五省区差距较小，并没有绝对的资源强省（区）或资源

---

① 王昕秀：《西藏 4A 级旅游景区 12 个可供游览》［EB/OL］，http：//www.chla.com.cn/
htm/2011/1208/108107.html，2011 - 12 - 08。

弱省（区），但从资源的类型和内涵来看，西部民族五省区则表现出较大的差异性和独特性。

（1）云南地貌与气候类型极为丰富、具有大美的自然生态环境、民族众多、民俗独特，在历史发展过程中积淀了丰富多彩的历史文化和民族民间文化，文化资源与自然生态的有机结合，成为云南旅游最具魅力的部分。

（2）广西是一个多民族聚居的边疆省区，丰富的地上地下文物、多姿多彩的传统文化、原生态的自然环境，共同构成了独特的广西特色文化。

（3）内蒙古独特的草原文化和民族文化旅游资源，树立起了内蒙古旅游业的主体形象。

（4）新疆所拥有的少数民族文化、遗迹类文化和红色文化是新疆文化旅游资源的三大支柱。

（5）西藏文化旅游资源由于较少受到工业文明的影响，具有较强的原生性、民族性、宗教性、地域性、多元文化融合性、自然人文的有机整体性，其社会价值、文化价值、科学价值和旅游价值极高。

西部民族五省区均拥有丰富、独特的文化资源，这使得西部民族五省区发展文化旅游业有着得天独厚的条件。在文化旅游业的发展中，西部民族五省区需要拓宽思路，转变观念，高度重视文化旅游资源的开发和保护工作，使其文化旅游业得以可持续发展，助推西部民族地区经济社会又好又快地发展。

二 西部民族地区旅游发展的基础设施状况

基础设施状况是影响区域旅游产业发展的关键因素，它与旅游的六大基本要素（吃、住、行、游、购、娱）密切相关，同时也决定着区域旅游的品质。在各项基础设施中，住宿、餐饮、旅行社、旅游从业人员等又是影响区域旅游业发展的核心要素，由于它们与游客的联系最为紧密，往往也是游客出游时最为关注的几个方面。

近年来，西部民族地区各级政府按照旅游"吃、住、行、游、购、娱"六要素配套发展的要求，加大投入力度，加快旅游基础设施配套建设，在构筑旅游大交通、提升城市旅游功能、改造旅游景区基础设施等方面取得了重大进展，使西部民族地区旅游业发展的硬环境得到显著改善，初步建立起了与区域经济社会可持续发展相适应的旅游基础设施体系，如表3-6所示。

从表3-6的数据并结合表3-4中西部民族五省区的人口、经济总量等指标，再结合表3-2中的旅游收入、接待游客人数等指标进行综合考量，我们不难发现：西部民族五省区旅游产业基础设施与上述指标基本上呈正相关关系，旅游产业发展成效的地区差距显而易见。

表3-6 西部民族地区旅游业基础设施（2010）

单位：人，家，所

省 区	云 南	广 西	内蒙古	新 疆	西 藏
旅游业从业人数	53103	48291	30499	38272	5867
旅行社	531	428	677	356	78
星级饭店	560	379	239	436	105
旅游院校数	161	49	19	16	2

资料来源：国家旅游局编著《中国旅游年鉴（2011）》，中国旅游出版社，2012。

第四节　西部民族地区文化旅游发展的战略

进入 21 世纪以来，西部民族五省区在发展旅游业中探索和积累了许多宝贵的经验，主要表现在：一是不断探索历史人文旅游资源的开发模式，努力顺应旅游市场发展变化；二是充分依托西部大开发的重大战略机遇，加速改善和提升旅游基础设施水平，使西部民族五省区的高速公路、航空、铁路等交通条件和旅游配套设施得到了较大的提升；三是大力推动旅游产业与文化产业的融合发展，显著提高了旅游产业素质，也促进了文化事业的繁荣发展。

值得一提的是，在实践中，各民族地区政府已充分认识到，对于旅游产业的发展要充分发挥市场调节和政府调控两种机制，在两种机制的调节过程中，加强两方面政策的协调，不能单纯依靠某一方面的机制，只有二者的有机结合，才能助推西部民族地区旅游产业的协调发展。

基于此，西部民族五省区根据自身旅游资源禀赋、历史文化底蕴、地理位置以及经济社会发展状况等因素对其文化旅游的发展确定了长期的规范性和指导性原则，并基于各省区间存在的较大差异，在发展文化旅游方面，确定了各自不同的开发方向和发展重点，如表 3－7 所示。

西部民族五省区中的云南、广西、内蒙古、新疆、西藏文化旅游发展的战略重点分别确定为：

云南：生态文化、多民族文化（南诏大理国文化、东巴文化、驿道文化等）；

广西：大桂林山水文化、桂东宗教历史文化；

内蒙古：草原文化、民族文化；

新疆：丝路文化、西域文化；

西藏：藏传佛教文化、游牧文化。

除民族文化同时为云南和内蒙古两省区确定为开发重点外，其他各省区均依据自身文化资源优势和禀赋来确定其不同的文化旅游开发方向和发展重点。

表3－7 西部民族地区文化旅游发展战略

省 区	战略措施	战略重点
云 南	大力发展农业旅游、工业旅游、文化旅游、体育旅游等新产品和新业态，全面增强旅游产业的带动力和推动力	生态文化 多民族文化
广 西	完善提升广西旅游龙头桂林市，着力打造大桂林、北部湾、红水河流域三大国际旅游目的地，重点培育桂林山水、北部湾浪漫滨海、刘三姐民族风情等旅游品牌	大桂林山水文化 桂东宗教历史文化
内蒙古	优化四大旅游区的旅游产业区域布局，集中发展八个核心旅游圈，充分挖掘民族风情和文化资源，发挥地区生态优势	草原文化 民族文化
新 疆	采取"五区三线"旅游发展格局，提升、完善以"丝绸之路"文化为核心的旅游产品体系，将丝绸之路文化旅游打造为世界级文化旅游品牌	丝路文化 西域文化
西 藏	坚持走以旅游为龙头的文化产业发展之路，重点建设四大旅游环线，着力打造布达拉宫、茶马古道等品牌	藏传佛教文化 游牧文化

资料来源：笔者自行整理得到。

第五节 西部民族地区文化旅游发展存在的主要问题

西部民族五省区在文化旅游发展方面虽然具有独特的资源

优势，但在资源开发程度和产出水平上与其文化旅游资源所具有的优势地位仍不相称，主要表现在以下几个方面。

（1）西部民族五省区旅游业在全国旅游业中仍处于相对弱势地位。据国家统计局发布的国民经济和社会发展统计公报显示：截至 2011 年末，广东省实现国内旅游收入 3931.71 亿元，是云南的 3.29 倍，西藏的 44.25 倍；国际旅游外汇收入 139.06 亿美元，是云南的 9.93 倍，西藏的 106.97 倍，由此可以看出，西部民族五省区的旅游业与国内发达地区相比还有较大的差距，在全国旅游业发展格局中仍处于相对弱势。

（2）与周边省份、国家的著名旅游目的地和重点旅游区域的对接和互动不够。西部民族五省区地处我国边疆地区，陆地边界约占全国陆地边界总长的 83%，是我国与外界进行经济、政治、文化交流的重要窗口和通道，是全方位展示中华文化的重要平台。但是，由于西部民族五省区受到自身经济发展水平、风俗文化等的影响，与外界的交流和联系较少，民族五省区的旅游业尚未与其他国家或省份形成一种良好的互动和互助关系，从而在一定程度上制约了西部民族五省区旅游业的发展。

（3）西部民族五省区对文化旅游资源的独特优势和文化旅游产业的多重功能、发展潜力认识不足。文化旅游资源利用程度较低、开发建设较迟缓，且现有文化旅游产品单一，多以观光为主，体验型产品仍显得较为缺乏和单薄。

（4）西部民族五省区对文化旅游资源保护和开发的辩证关系认识不足。文化旅游资源保护意识较薄弱，重开发轻保护，急功近利而忽视长远可持续发展，或者单纯只强调保护，封闭保守。这两种倾向容易导致保护措施不当、开发利用不当、文化旅游资源受自然和人为破坏严重的状况出现。

（5）西部民族五省区对文化内涵的挖掘不够，对地域文化和民族民间文化等重要文化旅游资源缺乏深层次开发和高品位打造。另外，宣传促销力度不够，文化旅游总体形象不够鲜明，市场知名度不高。

（6）西部民族五省区的经济社会基础相对薄弱，工业化和城镇化水平不高，城乡发展差距依然较大，经济社会对旅游业的综合支撑力不强，使得对文化旅游资源的保护与文化旅游建设方面的投入不足，文化旅游产品开发不力。

第六节　小结

近年来，在我国逐步迈向世界旅游强国的大好形势下，西部民族地区基于自身多元独特的自然旅游资源和文化旅游资源，抢抓西部大开发战略机遇的同时，西部民族地区党委、政府适时出台了加快旅游业发展的政策措施，为区域旅游业的发展提供了政策支持和动力保障，使西部少数民族地区的旅游业得以快速发展，保持了持续高速增长的良好态势。

在西部民族五省区中，云南、广西二省区文化旅游资源相对比较丰富，自然生态环境良好，对国内外游客的吸引力比较强，旅游业的发展无论在旅游收入，还是在接待游客人数方面，在五省区中均处于第一阵营；而内蒙古和新疆的旅游业，在五省区中处于第二阵营；西藏则由于地理位置、环境、经济基础等因素的制约，处于第三阵营。

随着经济社会的发展，文化旅游正逐步成为世界旅游业发展的新潮流和新趋势。进入 21 世纪以来，我国旅游业步入文化与旅游融合发展的阶段，西部民族五省区云南、广西、内蒙古、新疆、西藏均基于自身资源优势和禀赋来明确其文化旅游的开发方向和发展重点，并借此助推区域经济社会的全面发展。

但在文化旅游发展方面，西部民族五省区仍然存在资源开发程度和产出水平与其文化旅游资源所具有的优势地位不相符的问题，主要表现在：旅游业在全国旅游业中仍为相对弱势；与周边省份或周边国家的著名旅游目的地和重点旅游区域的对接和互动不够；对文化旅游资源的独特优势和文化旅游业的多重功能、发展潜力认识不足；对文化旅游资源保护和开发的辩证关系认识不足；对文化内涵的挖掘不够；对文化旅游资源的保护与文化旅游建设方面的投入不足，文化旅游产品开发不力。特别需要指出的是，由于西部不少地区处于各自为政的状态，一些地方急功近利，一哄而上，既无发展规划，又疏于管理和监测，自然生态和文化生态正受到威胁，这是西部旅游可持续发展的一大隐患，也是西部民族地区文化旅游提升发展的重点。

文化资源的不可再生性决定了保护工作和抢救工作的重要性。近年来，西部民族五省区在文化资源的保护和抢救工作方面取得了一些成绩，尤其是国家、地方相关法规的颁布，推动了各省区文化资源保护进入法制化轨道。但由于西部民族五省区文化旅游资源种类丰富、点多面广，保护和挖掘的任务仍十分繁重，而且普遍存在着资金匮乏、专业人员少、保护设施落后等困难，在文化旅游的发展中出现了一些破坏性的建设和建设性的破坏现象，使原本弱势的少数民族文化生态更加恶化。基于此，如何在文化旅游的发展中，平衡好产业发展与文化保护、传承与开发之间的关系，就不仅具有理论研究的必要性，而且也具有指导实践的紧迫性。

文化旅游可持续性评估体系研究

随着人民收入的增长和消费水平的提高，我国旅游业以前所未有的速度在发展。"文化旅游经济"被提上议事日程并逐步成为一个被人们普遍接受的概念，其内涵是利用得天独厚的文化资源发展旅游业，使之形成一种相对独立的经济实体。文化旅游的实质就是文化交流的一种形式，旅游者从中可以获得精神与智力的满足，是一种较高层次的旅游活动，基于上述认知，文化旅游呈现出知识密集型与可持续性的特点。

文化旅游的"知识密集型"体现在其文化载体通常涵盖文学（如拥有"天下第一长联"的昆明大观楼）、书法艺术（如被称为"石质书法艺术宝库"的西安碑林）、绘画艺术（如甘肃敦煌莫高窟）、古典园林（如苏州拙政园）、民俗文化（如西藏的雅砻文化节）等，这其中，民族文化在西部尤具特色，西部少数民族地区众多的以少数民族文字、宗教经书、音乐、舞蹈等为载体的丰富多彩的民族文化，是发展旅游业的重要资源。

文化旅游的"可持续性"含义有二：（1）在时间维度上，各区域文化旅游经济基于区域内文化资源持久性的魅力并呈连续发展之势；（2）在空间维度上，各区域旅游经济基于区域内民族文化多方面的优势呈持续拓展之态。[①] 文化旅游项目，常以其独特而神奇的文化底蕴深深打动了旅游者，成为高品位旅游项目。随着人们生活水平和综合素质的不断提高，文化旅游项目生机勃勃，并带动区域旅游业的迅速发展。但是，值得警醒的是，从可持续性发展的视角，我们应该意识到，在西部民族五省区内文化旅游经济繁荣的背后也存在着诸多问题。

第一节　文化旅游——西部民族地区旅游开发的"双刃剑"

基于区域内历史悠久、地域辽阔、民族众多、民族风情丰富多彩、民族文化底蕴深厚、民族旅游资源神秘性强、吸引力大的资源禀赋，西部少数民族地区立足于其异质文化的比较优势大力发展文化旅游。但是，文化旅游是一把"双刃剑"，既保护和发展了民族文化与经济，也造成民族文化的变迁、异化与流失问题凸显，对民族地区旅游的可持续性和民族文化的多样性构成威胁。[②]

---

① 么加利：《"藏彝走廊"区域文化旅游经济可持续性发展之道》[EB/OL]，http：//epccc．swu．edu．cn/showdetail．asp？urlid = 3ff79edea85de094c8f8f7a27ea58135，2010 - 06 - 25。

② 窦开龙：《旅游开发中西部边疆民族文化变迁与保护的人类学透析》，《宁夏大学学报》（人文社会科学版）2008 年第 1 期。

一 文化旅游对西部民族地区的积极影响

欧洲旅游与休闲教育协会（ATLAS）基于一项对欧洲各国的文化旅游发展问题的研究项目，于1991年在参照了多种相关定义后对"文化旅游"进行了界定，认为"文化旅游"是人们离开他们的日常居住地，为获得新的信息与体验来满足他们文化需求而趋向文化景观的移动。这一定义不但强调了出游的动机，而且明确指出是人们趋向文化景观的移动。[①] 基于上述定义，可将文化景观（即文化旅游吸引物）进一步细分为下列类型，如表4-1所示。

表4-1 文化旅游景观（文化旅游吸引物）类型

静态吸引物			动态吸引物	
文物古迹	宗教建筑 历史建筑 园林公园	公共建筑 宫殿城堡 陵寝建筑	历史文化活动	宗教节日 世俗节日 民间节日
博物馆	民俗文化博物馆 艺术博物馆		艺术活动	艺术展览（表演） 艺术节日
旅游专题线路	文化—历史专线 艺术专线			
主题公园	历史文化主题公园 考古类主题公园 建筑主题公园			

资料来源：Richards, Cultural Tourism in Europe.

客观地看，融入旅游活动中的文化旅游景观，有相当一部分已不再是原来意义上的文化，而是对文化的一种"仿真"，如

[①] G. Richards, C. P. Cooper, A. Lockwood, "Cultural Tourism in Europe," *Progress in Tourism, Recreation and Hospitality Management*, Vol. 5, 1994, pp. 99–115.

表 4-1 中所列的静态吸引物中的主题公园及常态化展演的动态
吸引物等。例如，在西部民族地区文化旅游的开发历程中，大
量民俗风情体验活动的加入使得传统的民族文化和民族节日有
了更强的参与性。基于文化旅游吸引物，来到旅游地的游客有
了更多的体验机会，其最终结果是旅游地经济收入的增加。在
旅游经济的带动下，旅游地其他的民族文化和风俗习惯也得到
了开发、利用以及传承的机会。

　　随着旅游的持续开发，当地社区在获得旅游收益的同时，
其民族文化也得以参与到主流文化制度框架中，而旅游地居民
也从边缘地带逐步参与到旅游开发过程中来，进而拥有了获得
资本权利的机会。现代商品经济的市场性，对少数民族文化具
有改造、调适和整合的作用，特别是将民族文化作为重要元素
注入旅游产品的开发过程中，有助于降低少数民族地区封闭、
保守和过分依赖自然资源的状况，增强少数民族地区居民的市
场化意识，将少数民族文化引导到健康、有序的发展道路上来。

　　这种民族文化的资本化运用，也为增强少数民族地区的民
族认同感提供了强大的支撑力量。一种文化吸引物的意义与价
值取决于其使用过程中的活性，这就意味着某种特定的民族文
化要获得成为产品的资格和权利，从根本上取决于消费者的认
同。① 而获得这种认同的基本方式，就是这些文化元素在群体层
面上的资本化运用。

　　在将民族文化向旅游产品打造的过程中，使得原本已经出
现弱化趋势的民族语言、饮食习惯、民族服饰、传统节日、宗

---

① 孔伟婧：《民族文化旅游资源开发对民族认同的影响》，《赤峰学院学报》（自然科学
版）2012 年第 2 期。

教活动等民族文化的符号、载体、表现形式又重新得以强化。随着人们对少数民族文化认知度的提高，少数民族文化也不再被单向度地视为落后、蒙昧的东西，而是被发展为弘扬传统文化、展示本土形象的重要的文化旅游资源，这种认知的转变也使得少数民族地区的居民因自己的民族身份而感到自豪，进而积极参与到本地区民族文化的开发和保护活动中来。

现代社会使得任何一个民族的闭关自守成为不可能，因此，在开发少数民族地区文化旅游的过程中，重要的是如何增强民族认同的价值，了解促使游客纷至沓来的"吸引物"是什么，厘清在市场交换背后隐藏着何种动机和需求，并以此作为传统文化自我传承的一种内在动力和能量增长。一旦一个民族真正认识到了哪些是"我们的"，哪些是"他们的"，"我们的"是"他们"所没有的，"他们"来"我们"这里是因为"我们"有着"他们"最想要的东西，这些东西又是如此有价值[①]，那么，采用何种方式来实现产业发展和文化保护之间的平衡就显得比较容易了，因为这关乎发展意识的问题，而树立清晰的发展意识对文化旅游的提升发展是至关重要的。

实践表明，少数民族地区文化旅游项目的开发既满足了游客了解旅游地的民族风情、参与民族活动体验、增长知识、开阔眼界的旅游需求，又促进了少数民族地区尤其是西部少数民族地区的经济社会发展。在旅游开发之前，西部少数民族地区多处于封闭或半封闭的状态，旅游业的开发有力地带动了区域经济社会的发展，同时也提供了经济转型、产业升级的机会。

---

① 彭兆荣:《"东道主"与"游客":一种现代性悖论的危险——旅游人类学的一种诠释》,《思想战线》2002 年第 6 期。

从西部民族五省区 2007～2011 年 GDP、旅游总收入及其占比一览（见表 4-2）可以看出，旅游业对区域经济的贡献率稳步提高，旅游经济成为西部民族五省区国民经济的重要组成部分，在产业结构调整中发挥了日益重要的作用。

表 4-2 西部民族五省区 2007～2011 年 GDP、旅游总收入及其占比

单位：亿元，%

指标 \ 年份		2007	2008	2009	2010	2011
云南	GDP	4772.52	5692.12	6169.75	7224.18	8893.12
	旅游总收入	559.21	663.30	810.80	916.80	1300.30
	占比	11.72	11.65	13.14	12.69	14.62
广西	GDP	5823.41	7021.00	7759.16	9569.85	11720.87
	旅游总收入	445.88	533.70	701.00	953.00	1277.81
	占比	7.65	7.60	9.03	9.96	10.90
内蒙古	GDP	6423.18	8496.20	9740.25	11672.00	14359.88
	旅游总收入	390.77	468.85	611.35	732.70	889.55
	占比	6.08	5.51	6.28	6.28	6.19
新疆	GDP	3523.16	4138.21	4277.05	5437.47	6610.05
	旅游总收入	205.27	207.40	176.75	281.13	442.00
	占比	5.83	5.01	4.19	5.17	6.69
西藏	GDP	341.43	394.85	441.36	507.46	605.83
	旅游总收入	48.00	22.60	56.00	71.40	97.06
	占比	14.06	5.72	12.69	13.99	16.02

资料来源：根据 2008～2012 年《中国旅游年鉴》的资料自行整理得到。

二 文化旅游对西部民族地区的消极影响

在现代社会中，作为一种消费性社会价值特征，人们很容易不由自主地趋附于某种媒体的广告宣传，并把追逐经济利益作为主要动机，特别是那些弱小的、内部文化动力不强的民族。

当他们意识到自己的文化与主流文化、自己的民族与主体民族之间有着巨大差别的时候，经常会因此而产生一种"自卑感"，此时，他们在尚未弄清楚原因何在的时候，便匆忙地将自己的全部文化"资本"拿出来作交换。至于在这种不平等的交换中他们最终能够得到什么，剩下什么，已经来不及思考了。而民族文化资源通常无法再生，也不能完全复制，就如同自然生态中的生物种类那样，丧失了就无法再找回来。

近年来，有学者认为，少数民族地区的旅游开发可能会引致民族文化的消失、商品化、庸俗化以及旅游地居民价值观的退化与遗失等问题。通过前文对"旅游"概念的回顾，可以看出旅游是介于东道主和游客之间的结构性行为和关系，因此就不仅仅是指具体的人的行为，还必定包含着一种自然生态或人文生态的改变。表面上看，游客的到来只是"有客自远方来"的"不亦乐乎"，而事实上，源源不断的游客除了带来对少数民族地区文化的"好奇"之外，还携带着大量的资本和"后工业时代"的生活方式。为了迎合游客不断增长的需求，或者为了达到官方对旅游地下达的各项指标，旅游地一方的原生性状态（primordial statement）甚至是居住空间、生产方式、生活习惯和生态环境等通常会被改变。①

上述情况在西部少数民族地区现代旅游的开发中大量存在。例如，在大理古城开发的过程中，为了适应蓬勃发展的旅游业的需要，许多具有白族特色的民居被开发和改造成客栈、宾馆，许多地方甚至放弃了他们世代相传的生活方式，破坏了当地文

---

① 彭兆荣：《"东道主"与"游客"：一种现代性悖论的危险——旅游人类学的一种诠释》，《思想战线》2002 年第 6 期。

化和自然生态环境，超负荷地接待游客。而为了迎合游客的猎奇需要，一些地方还会生硬地"制造"出一些民族歌舞表演或具有"民族文化"气息的旅游产品，例如，随着东巴文化的发掘、整理和宣传，东巴文化在国内外声名远播，一些投机商在木料上刻几个似是而非的图案就当"东巴文字艺术品"出售，为了谋取经济利益而歪曲使用东巴文字。

基于旅游业发展基础之上的民族文化的资本化运用，不仅有利于少数民族文化的改造、调适和整合，而且有利于少数民族地区的民族认同感的强化，同时使少数民族地区居民的市场化意识得以增强，并促进了民族地区经济社会的稳健发展。但是，在旅游产业的开发中，西部少数民族地区同样存在着民族文化的消失、商品化、庸俗化以及旅游地居民价值观的退化与遗失等问题，而如何树立科学、清晰的发展意识，对文化旅游地的可持续态势做出客观的评判，发现存在的不足与问题并有针对性地采取有效的对策措施，以实现产业发展和文化生态保护之间的平衡，将民族地区的文化旅游引导到健康、有序的发展道路上来，就显得紧迫而必要。

第二节　文化旅游地可持续性评估体系构建

1995 年，联合国教科文组织、环境规划署和世界旅游组织在西班牙召开了"可持续旅游发展世界大会"，会议肯定了可持续发展思想在旅游资源保护、开发和规划中的重要地位。为全面推动全球旅游可持续发展，世界旅游组织于 2004 年启动全球旅游可持续监测项目，选择全球典型旅游地进行旅游影响监测，指导旅游目的地的科学发展，提高旅游目的地的示范性地位，推动旅游目的地的国际交流与合作。我国桂林阳朔、安徽黄山、湖南张家界、新疆喀纳斯和成都青城山被选定为观测点进行研究，同时，学者们开始对某一特定旅游目的地的可持续性进行案例研究，但是这种研究多趋于主观判断。甚至有学者认为，旅游的可持续性只是一种愿望，而不是一种可测量或可实现的目标，但仍有一些学者在"旅游可持续性被测量或被衡量"的研究领域执著地求索着，韩国学者 Ko 就是其中的一员。Ko 基于对 1992 ~ 2000 年旅游可持续性评估的相关文献回顾的基础上，提出了旅游可持续性评估的概念模型和操作程序①，本节将基于 Ko 的理论尝试构建文化旅游地可持续评估体系。

一 文化旅游地可持续评估体系构建的意义、原则及步骤

1. 文化旅游地可持续评估体系构建的意义

在全球化与工业化的背景下，推动文化旅游的可持续发展已经成为全球共识，寻求监测、评估旅游可持续发展的具体技术方法已成为学界关注的焦点。如何制定科学合理的可持续评估指标及其测算方法，通过定量、可操作的手段衡量文化旅游地可持续发展水平及其趋势成为旅游可持续发展由理论向实践演进历程中的核心问题之一。

随着旅游的兴起，作为重要载体的旅游地在文化旅游开发

---

① T. G. Ko, "Development of a Tourism Sustainability Assessment Procedure: A Conceptual Approach," *Tourism Management*, Vol. 26, No. 3, Mar. 2005, pp. 431 – 445.

过程中具有重要的地位，但是，不恰当的开发使旅游地的重要资源——文化，受到不同程度的破坏甚至是逐渐消亡，因此，构建一套科学合理、能够反映文化旅游地可持续发展水平的评估体系就显得十分重要，其重要性主要体现在以下几个方面。

（1）文化旅游地可持续评估体系的构建过程是可持续发展理念的一个重要组成部分，指标的选择和构建过程本身就体现了学界和决策者对文化旅游的认识和关注程度。

（2）通过构建文化旅游地可持续评估体系可以使文化旅游地，尤其是文化生态较为脆弱的西部少数民族地区文化旅游地发展的可持续性具有可衡量和可操作性。

（3）文化旅游地可持续评估体系是评价和监测该地可持续发展水平的依据，对制定和实施文化旅游地可持续发展战略具有重要的指导意义，可为政府及相关部门和群体的决策及战略制定过程提供科学客观的决策支持。

2. 文化旅游地可持续评估体系的构建原则

评估指标的选择是文化旅游可持续性评估体系构建的关键步骤，一个指标的改变将会直接影响整个指标体系的优劣程度，因此，在选择指标的过程中，对指标的筛选极为重要，要选出便于度量且能最直接反映所评估问题的指标作为评估指标。在构建文化旅游地可持续评估体系时，应遵循如下一些基本原则，即科学性原则、可获得性原则、简洁性原则和整体性原则。

（1）科学性原则。文化旅游地可持续评估体系的指标选取和构建过程要体现旅游可持续发展思想，指标体系应能反映该地可持续发展的客观情况。

（2）可获得性原则。在指标设计的过程中，应充分考虑数据获取的难易程度（成本和收益）和可靠性。

（3）简洁性原则。尽可能以较少的指标涵盖较多的信息，避免选取评价意义相近、重复或具有较强相关性的指标，力求指标的简单实用。

（4）整体性原则。文化旅游是一个综合性较强的产业，因此，指标的设计不能仅局限于旅游过程本身，还要考虑与旅游过程相关的社会因素、经济因素、环境因素等。

3. 文化旅游地可持续评估体系的构建步骤

作为两种思维方法，简化论在社会研究中是指用某类特征来分析和解释复杂的社会现象，而整体论的基本观点是"整体大于其部分之和"，即仅通过各组成部分并不能完全确定系统行为。由于旅游地的可持续性并不是由单一的因素决定的，因此简化论可行性通常较差；同样，旅游地的可持续性也不能通过整体论的方法来测量，利用这种方法虽然可以构建出一个可持续性评估的概念性框架，但是部分程序及数据收集过程中需要借助传统的数学和相关技术方法来进行，需要投入较多的资源而使其适用范围受限。[①] 基于上述认知，本章基于 Ko 的理论所构建的旅游可持续性评估模型是将上述两种方法结合起来进行的探索，该评估模型基于整体论的考量确定了人文和生态两大系统并将二者细分为 8 个维度，而具体的评价指标则通过简化论的方法进行确定，具体构建步骤如下。

（1）识别系统——人文系统和生态系统。由于人类是自然环境的一部分，而不是一个独立的存在，因此，文化旅游可持

---

① T. G. Ko, "Development of a Tourism Sustainability Assessment Procedure: A Conceptual Approach," *Tourism Management*, Vol. 26, No. 3, Mar. 2015, pp. 431 – 445.

续性评估应同时考虑人文系统和生态系统。

（2）识别主要维度——文化旅游可持续发展的 8 个维度。通过文献研究，将人文系统和生态系统划分为 8 个维度，其中，人文系统包括政治、经济、社会文化、文化遗产与建筑物保护以及生产结构（为游客提供的产品与服务的质量）；而生态系统包括总体环境影响，生态系统中水、土地和空气的质量，植物群和动物群的生物多样性以及环境政策和管理水平。

（3）识别主要指标——文化旅游可持续发展的指标。将上述八个维度进行细分，在人文系统 5 个维度评价方面选取的指标[①]如下所示。

①评估当地社会文化发展状况所选取的指标：旅游地物质文化挖掘与传承情况、民风民俗改变情况、旅游地居民的文化水平、治安状况。

②评估当地经济发展状况所选取的指标：文化旅游发展的产业基础、对其他产业的带动能力、投资回报率、居民的生活水平。

③评估当地社会政策支持状况所选取的指标：社区参与情况、利益分配公平性、政府政策支持和相关企业政策支持。

④评估当地旅游服务与质量状况所选取的指标：旅游产品质量、旅游地基础设施质量、旅游从业人员素质、旅游地社区居民态度。

⑤评估文化遗产与建筑物保护状况所选取的指标：对遗产遗迹修缮、保护资金的投入、监管系统、建筑物保存的完好程

---

① 卢松、陈思屹、潘蕙：《古村落旅游可持续性评估的初步研究——以世界文化遗产地宏村为例》，《旅游学刊》2010 年第 1 期。

度、相关保护政策的完善程度。

同样，在生态系统 3 个维度评价方面选取的指标如下所示。

①评估旅游地的总体环境状况所选取的指标：旅游地的空间拥挤程度、建筑物污染情况、环境污染情况、自然资源消耗情况。

②评估旅游地生态系统质量状况所选取的指标：旅游地的空气质量、水质情况、噪声污染情况、森林覆盖率情况。

③评估旅游地环境政策和管理水平状况所选取的指标：环境立法情况、环境保护规章制度的制定情况、环境监管水平、废弃物处理能力。

4. 评估量表的设计

量表是市场调查等领域常用的工具。量表是通过对问题的不同反映模式赋予相应的分值，使不同选项反映变量差异程度的强弱。对旅游地的可持续性评估需要一个清晰的量表，评估者需要运用量表衡量变量（即上述 32 个指标）的强弱程度。

5. 决定可持续性评估量表的等级

量表等级数的确定不仅要考虑到其实际效果的问题，同时还需要与访问效率进行权衡。常用的有 5 点量表、4 点量表、3 点量表和 2 点量表。

（1）5 点量表将评价等级分为五部分，每部分有 20 分，总分 100 分。该种量表主要用于分析较精确和复杂的信息，具体分为 5 部分：可持续（极好）：81~100 分；潜在可持续（好）：61~80 分；中等程度（中等）：41~60 分；潜在不可持续（不好）：21~40 分；不可持续（不利）：1~20 分。

（2）4 点量表将评价等级分为四部分，每部分有 25 分，总分 100 分。该种量表主要用于分析相对精确和复杂的信息，具体分为 4 部分：可持续（极好）：76～100 分；潜在可持续（好）：51～75 分；潜在不可持续（不好）：26～50 分；不可持续（不利）：1～25 分。

（3）3 点量表将评价等级分为三部分，每部分有 33.3 分，总分 100 分。为了计算的方便，每一区间的变动幅度为 33、34、33，这一模型常用于分析相对简单的信息，具体分为 3 部分：可持续（好）：68～100 分；中等程度（中等）：34～67 分；不可持续（不好）：1～33 分。

（4）2 点量表将评价等级分为两部分，每部分有 50 分，总分 100 分。该种量表常用于解释非常简单的信息，具体分为两部分：可持续（好）：51～100 分；不可持续（不好）：1～50 分。

6. 绘制文化旅游地可持续评估结果示意图

将评价结果通过图表的形式显示出来，基于图表将数据图形化，能更直观地显示数据，旨在明确旅游地的可持续水平并预测未来的趋势以利于决策。本书选取旅游可持续晴雨表图（即 BTS 图，Barometer of tourism sustainability）对文化旅游地可持续性的整体水平进行评判，选取旅游可持续性指标阿米巴虫图（即 ATSI 图，AMOEBA of tourism sustainability indicators）对文化旅游地可持续性的各指标水平进行评判。

7. 对文化旅游地可持续性的评价

评价过程主要涵盖两个方面，一方面是技术层面的评价，包括对数据收集和分析过程中的有效性评价；另一方面是通过对各维度的可持续性以及维度间协调性的考量，对该地区文化旅游的可持续性进行综合评判，以揭示存在的问题并提出相应的政策建议。

二 文化旅游地可持续性评估体系指标类型及结果分析方法

文化旅游地可持续性评估体系是基于文化旅游地的政治、经济、社会 - 文化等 8 个维度构建的，具体概念性框架如表 4 - 3 所示。

表 4 - 3 旅游地可持续性评估的概念性框架

评价客体	系统	维度	指标	信息需求（用以评估旅游地可持续性的相关要素）	数据收集方法
文化旅游地	人文系统	政治		旅游业对当地居民需求的贡献	当地居民家庭（或社区）的问卷调查
		经济			
		社会 - 文化			
		生产结构（服务与产品质量）		旅游业对游客需求的贡献	游客的问卷调查
	生态系统	环境影响		旅游业对自然环境需求的贡献	环境专家/组织的德尔菲技术（或深度访谈，集中组织访谈）
		生态系统质量			
		生物多样性			
		环境政策与管理			

BTS 图是以旅游地为研究对象，将人文系统和生态系统结合起来，通过一个矩阵图形来显示人文系统和生态系统的关系，其中，X 轴表示人文系统，Y 轴表示生态系统，每一个系统都沿着一个梯度从"不可持续"到"可持续"进行绘制。基于问卷设计中所选取的量表来确定每个层次的分数段，本章选取的是五点量表，则层次划分方式如图 4 - 1 所示。

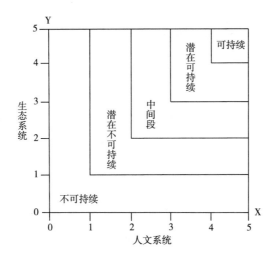

图 4-1　BTS 层次划分示意

（1）可持续：X > 4.0，Y < 5.0；

（2）潜在可持续：X > 3.0，Y < 5.0（且 X、Y 至少有一个是满足大于 3.0 小于 4.0）；

（3）中间等级：X > 2.0，Y < 5.0（且 X、Y 至少有一个是满足大于 2.0 小于 3.0）；

（4）潜在不可持续：X > 1.0，Y < 5.0（且 X、Y 至少有一个是满足大于 1.0 小于 2.0）；

（5）不可持续：X > 0.0，Y < 5.0（且 X、Y 至少有一个是满足大于 0.0 小于 1.0）。

基于上述划分方式，通过计算人文系统和生态系统所涵盖的 8 个维度的平均分数来确定所研究的旅游地的可持续性状况。

ATSI 图是通过一手、二手资料所获得的数据计算单个指标的可持续性，以弥补旅游可持续晴雨表图只能对旅游地整体可持续性水平进行评估的缺憾。绘制 ATSI 图，需要根据问卷设计中所选取的量表的不同来确定每个层次的分数段。

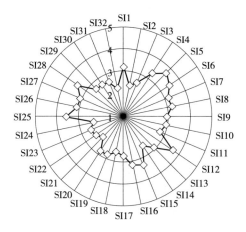

图 4 - 2　ATSI 图示意

我们对问卷调查获取的数据进行整理，然后计算各指标的平均值，再利用 Excel 软件绘制出各指标的雷达图，即得到 AT-SI 图。在该图形上，可以根据指标所围成封闭圈的大小来判断旅游地可持续性水平，封闭圈越大，则可持续性水平越高，反之亦然。此外，在图中还可以清晰地看到每个可持续指标的大小，即 SI 的数值，以此来显示指标的可持续性水平，从而找到当地在旅游可持续方面存在的不足。

在运用 BTS 和 ATSI 这两个模型时应注意以下四点。

（1）模型的选取应根据旅游地的特征来选取，基于问卷设计所选取的量表类型来确定图形，越详细的图形所包含的信息越丰富，对政策制定的帮助也越大。

（2）两个图形在确定层次的点数上要一致，这样才能更好地显示旅游地整体可持续性水平和单个可持续性指标之间的关系。

（3）统计结果一般不能用于和其他目的地之间的比较，因为目的地的特征、类型及其量测指标不同，但对于采用相同量测指标的同类型文化旅游地，则可进行横向比较。

（4）基于利益相关者的观念可能随时间的变化而发生改变，周期性地对 BTS 和 ATSI 图中的指标进行完善，能实现对特定旅游地可持续水平的长期监测。

三 文化旅游地可持续性评估体系的结构

借鉴相关旅游可持续性评估模型的构建思路，本章探索性地构建了文化旅游地可持续性评估体系，如表 4－4 所示。该体系分为三个层次，第一层次涵盖特定文化旅游地人文系统和生态系统两大模块；第二层次包括旅游地社会文化发展状况、经济发展状况、社会政策支持、旅游产品、服务的供给与质量、文化遗产和古建筑开发保护状况、总体环境感知状况、生态系统质量和环境政策与管理水平 8 个维度；第三层次则是对第二层次 8 个维度进一步细化后的指标层。

表 4－4 文化旅游地可持续性评估体系

系　统	维　度	指　标	
特定的文化旅游地	人文系统	社会文化发展状况	物质文化挖掘与传承	民风民俗的改变
			居民受教育水平	旅游目的地治安状况
		经济发展状况	产业基础	旅游业带动能力
			生活质量与水平	旅游业投资回报率
		社会政策支持	社区参与管理水平	利益分配公平性
			社会发展政策	旅游企业政策
		旅游产品、服务的供给与质量	旅游产品	旅游基础设施
			旅游从业人员素质	社区居民友善度
		文化遗产和古建筑开发保护状况	修缮资金投入	监督系统
			建筑物完好程度	保护政策完善程度

续表

系 统	维 度	指 标	
特定的文化旅游地			
生态系统	总体环境感知状况	空间拥挤程度	建筑物污染程度
		环境污染程度	自然资源消耗状况
	生态系统质量	空气质量	水质
		噪声	森林覆盖率
	环境政策与管理水平	环境保护立法	环境保护规划的编制
		环境监督管理水平	废弃物处理能力

第三节　文化旅游地开发模式

　　模式是指从思维方式、价值观念到行为方式、信念意志等方面内在的趋于一致的机制或方式，是事物的程式化，是对同类事物所具有的共同效应的一种抽象。旅游地开发模式是指某一旅游地在某一特定时期内旅游产业发展的总体方式。

　　对于模式而言，一般包括以下几方面的内容。

　　（1）模式是从总体特征上对各种不同经济发展类型的整体把握。

　　（2）模式是对受多因素影响的复合系统的内在结构或运行机制的系统把握。

　　（3）模式是某个系统经过理论加工后形成的一种可以被模仿、借鉴或推广的范式。

　　由此可见，认识旅游地的开发模式应建立在系统地认识旅游地在一定的发展环境和发展阶段中各个发展要素之间的内在关系的基础之上。① 不同的产业有着不同的功能和定位，发展文化旅游要根据旅游地的禀赋、特点进行合理的开发，即各旅游地文化旅游的开发模式要视具体情况而定。Richards② 将文化旅游吸引物分为"静态吸引物"与"动态吸引物"两类，"静态吸引物"与"动态吸引物"的划分，大致可以归结为"物质文化遗产"与"非物质文化遗产"。

典型的物质文化遗产的保护与开发模式通常包括以下五类：

（1）博物馆式保护与产业开发模式（涵盖公共博物馆的开发模式、民间博物馆的开发模式、数字博物馆的开发模式）；

（2）大遗址保护与项目开发模式；

（3）城市历史街区开发模式；

（4）村落开发模式；

（5）主题公园开发模式。

典型的非物质文化遗产的保护与开发模式通常包括以下六类：

（1）民俗博物馆保护与开发模式；

（2）文化节庆保护与开发模式；

（3）特色餐饮开发模式；

（4）演艺开发模式；

（5）物化产品开发模式；

（6）影视开发模式。

上述文化遗产的保护与开发模式还只是一些典型的模式，

① 林刚、刘书安：《从旅游吸引物的发展路径看旅游地发展模式选择》，《商业时代》2006 年第 6 期。

② G. Richards, C. P. Cooper, A. Lockwood, "Cultural Tourism in Europe," *Progress in Tourism, Recreation and Hospitality Management*, Vol. 5, 1994, pp. 99 – 115.

还有些区域性和非普及模式，这其中，物质文化遗产方面包括园林保护与开发模式、陵园遗址保护与开发模式；非物质遗产方面包括知识产权保护模式、地理标志保护模式等，如表4-5所示。

表4-5 文化遗产保护开发模式

	物质文化遗产保护开发模式	非物质文化遗产保护开发模式
普适模式	博物馆式保护与产业开发模式 大遗址保护与项目开发模式 城市历史街区开发模式 村落开发模式 主题公园开发模式	民俗博物馆保护与开发模式 文化节庆保护与开发模式 特色餐饮开发模式 演艺开发模式 物化产品开发模式 影视开发模式
非普适模式	园林保护与开发模式 陵园遗址保护与开发模式	知识产权模式 地理标志保护模式

动态吸引物中的大部分文化旅游资源（例如，民族民俗传统的节庆活动、流动性的文化旅游表演活动等）通常存在于较短时间内，激发短暂的旅游人流，其开发模式一般采用短期表现型开发模式。基于本书的研究目的，秉持涵盖主要文化吸引物并能常态化经营的原则，本章依据静态吸引物的典型类别（主要包括文物古迹、博物馆、旅游专题线路、主题公园等），并在借鉴相关研究的基础上，将文化旅游的开发模式分为四类，即：古村镇旅游开发模式、城市历史街区开发模式、自然风景区旅游开发模式及主题公园旅游开发模式。

一 古村镇旅游开发模式

古村镇作为承载人类历史和传统文化的重要载体，作为世界文化遗产的宝贵财富，正逐渐引起世人的关注。我国古村落遗产资源丰富，全国现有约 60 万个村庄，其中古村落大约有 5000 个，占全部村落数量不足 1%。古村落分布密集的省份有浙江、江苏、江西、福建、安徽、广东、湖南、贵州、云南、山西、甘肃、宁夏、湖北、河北等，这些村落大多始建于明清时期，还有的可以追溯至南宋时期。这些因浓郁的历史风貌、优美的自然生态环境、科学合理布局的人文景观、民族特色姿彩纷呈的物质和非物质文化遗产构成的历史文化村落，成为中国乡村社会中一个特殊的群体。① 另外，由于我国村镇经济，特别是西部少数民族地区村镇经济发展速度较慢，许多古村镇遗产资源尚未受到破坏性的开发，因此，基于厚重文化积淀的古村镇旅游深受游客的喜爱。众所周知的丽江、大理、和顺、平遥、凤凰、同里、周庄、宏村、乌镇、屯溪老街等古镇、古村落，历史悠久、文化底蕴深厚，都是游客十分青睐的文化旅游体验活动去处，尤其是西部少数民族地区的古村镇大多还较好地保留着传统的风俗习惯和相对落后的生产方式，因其更能激发游客求新、求奇的内心需求而备受瞩目。但是，在古村镇的旅游开发过程中，如果对当地民俗和民族文化资源保护不力，则有可能对当地特色建筑以及文化资源造成破坏，因此，古村镇开发模式的选择对西部民族地区文化旅游能否永葆魅力至关重要。

古村镇的开发和利用模式多种多样。例如，如果以开发主体为标志来分类，可分为外部介入性开发模式和内生性开发模式，其中，外部介入性开发模式是指以外部主体（政府或企业）介入

---

① 《保护古村：一场势在必行的战役》［EB/OL］，http：//gj. yuanlin. com/Html/Detail/ 2012 - 3 /14524. html，2012 - 03 - 09。

古村落的开发和保护过程之中；而内生性开发模式是指古村落的居民及其基层组织（村委会）作为直接利益主体实行自主运营、自主开发和保护的模式。如果以实际的运营思路为标志来分类，可划分为许多类型，但综观世界各地的成功案例，笔者认为主要存在三种开发模式，分别是生态博物馆模式、前台—帷幕—后台模式和双村模式，它们各自的内涵及其适用性将在第六章述及。

二 城市历史街区开发模式

优秀的历史建筑和院落街区是城市历史变迁的载体，是文化遗产的重要组成部分，因此，保护历史文化街区具有特殊的意义。欧洲各国历来对历史街区和城市遗产的保护不遗余力，故而保留下来了大批整体的历史街区和城市遗产，比如巴黎老城、威尼斯城等。我国在改革开放之后，因大多历史街区面临着种种现实问题，如建筑老化、空间破碎、功能衰退、生活服务设施匮乏、人口结构老龄化等，再加上对原有的历史街区和城市遗址的利用和保护意识相对较弱，导致我国许多历史街区被拆除、改建等。

随着我国历史文化街区保护制度体系经历了从管理性文件创设，到行政规章和技术规范创设，再到法律和行政法规创设的三个阶段，经过不断的完善，我国历史文化街区已经形成了以核定制度、保护规划制度、公众参与制度、保护资金制度、激励制度和责任制度为主的保护制度体系，我国历史街区的保护和城市旅游的开发正步入法制化的轨道。①

---

① 梁剑宝：《论我国历史文化街区的法律保护》，硕士学位论文，西南政法大学，2011。

国际上，对城市历史街区保护的基本模式主要有以下几类：

（1）美国的历史地段保护模式：以保护修复为主，因地制宜进行扩建，并注重与环境的协调性。

（2）德国的整体性保护模式：以原生态、整体性为原则，注重静态建筑与活态居民一体化保护。

（3）英国的设立保护区模式，由政府提供补贴或贷款。

（4）日本的重点保护模式：以市町村为实施保护的主体，以街道的修葺、建设为重心。

（5）SOHO模式：源起于纽约休斯敦街以南，允许艺术家们在楼房内合法居住，自筹部分资金与开发商合建公寓，底层为商业用途。另外，取消一些限制，以吸引房地产投资，并重点引导布局餐饮业、酒吧业、旅游业、时装业等。基于古建筑的保护及为艺术家提供创作空间，使城市历史街区实现其经济价值的增值，以达到生态、社会与经济效益的统一。

而在我国，对城市历史街区保护的基本模式主要有以下几类：北京的南池子模式、上海的新天地模式、桐乡的乌镇模式、苏州的桐芳巷模式、福州的三坊七巷模式等。

基于历史街区的文化价值和商业价值，秉持"不丧失原真性的，科学、合理的动态式保护开发在更大层面上有利于文化遗产保护"的核心理念，采用旅游、展示、生活、商业等功能定位，世界各国历史街区的保护理念正处于不断成熟与完善中。

（1）从关注价值较高的历史性文物建筑，到关注其周围的历史依存环境，再到关注更广泛的一般性历史建筑。

（2）从关注历史街区的层面，到关注整个历史街区中无形的生活和文化背景。

（3）从虔诚地保存、严格地复原的"纪念碑"式的保护，到从可持续性发展的视角以更自由、更灵活的创造性眼光延续传承历史街区的文脉。

（4）从仅看重旧建筑的历史艺术价值，到将其看作整个社会经济体系中的有机组成部分，并视其为城市化发展契机的保护模式。

总之，历史街区的保护与开发从单一、僵硬、静态的保护模式正趋向于综合、柔性、动态的保护、利用和更新的模式。

三 自然风景区文化旅游开发模式

自然风景区文化旅游通常是以一个面积较大的自然景区为基础，景区内积淀了较多文化遗迹，丰富的文化内涵和高知名度的旅游资源吸引旅游者前来旅游。在自然风景区文化旅游的开发中，基于自然环境保护的基础，业界已探索出了一些有效的旅游开发模式，包括分区开发模式、景区与社区联动开发模式等。

（1）分区开发模式：即将景区划分成若干区域，界定每个区域的范围、界限和活动类型，在不同的区域进行不同方式和层次的开发、保护、利用和管理。按照分区开发模式，景区通常可划分为核心保护区、核心环境区、缓冲区和边缘区等。科学合理的功能分区能帮助管理者实现维持生物多样性以及为游客提供满意游憩体验的双重功能。

（2）景区与社区联动开发模式：景区与社区联动开发模式是一种保护性开发模式，就是把文化旅游与社区相结合，在社区开发出各具特色的街区和文化体验活动区，旅游者在景区游览后，到社区的特色街区、特色文化体验区从事购物、娱乐、餐饮、参观等休闲活动或度假的旅游模式，该模式尤其适合存在于城市中的文化旅游地。

四 主题公园文化旅游开发模式

主题公园作为现代旅游资源开发过程中所产生的一种新的旅游吸引物，以其特有的主题文化将科学技术、娱乐内容、休闲要素和服务接待设施融于一体。自从 1952 年荷兰的马都洛丹微缩景区主题公园开幕和 1955 年美国洛杉矶的迪士尼游乐园建成开放以来，主题公园作为一种概念化的旅游形态很快被大众认同和接受，并逐步推广到了全世界。

主题公园涉及的内容非常宽泛，从历史到未来，从现实到虚幻，从农业到工业，从文学到体育，几乎涵盖了经济社会生活的方方面面。主题公园有多种分类方式，仅依其主题内容可以分为以下 6 种类型：

（1）以传统文化、民族文化为主题建立的主题公园；

（2）以文学文化遗产为主题建立的主题公园；

（3）以动物观赏为主题建立的主题公园；

（4）以异国地理环境和文化为主题建立的主题公园；

（5）以影视文化为主题建立的主题公园；

（6）以现代高科技为手段，集游乐欣赏、童话幻想于一体的主题公园。①

---

① 王克岭、马春光：《美国主题公园发展的经验及对中国的启示——以玻里尼西亚文化中心为例》，《企业经济》2010 年第 2 期。

主题公园的开发模式是指在一定区域（园区）内，通过仿造民俗环境、表演民俗节目或生产、生活中现实或虚幻的某些活动或场景，形成文化遗产、作品等的集中展示的一种旅游开发模式。

我国主题公园的开发模式可分为两种[1]：

（1）广东模式：以深圳、广州等地的主题公园为代表，采用异地移植的方式；

（2）江南模式：以江苏无锡吴文化为代表，采用本地汇集的方式。

综上，在文化旅游中，经过多年的理论和实践探索，古村镇旅游、历史街区和城市旅游、自然风景区旅游以及主题公园旅游都已形成了一系列行之有效的开发模式，而这些成功的模式都有其共同的特征，即：让旅游者体验到历史与当下、保守气息与激进理念、现实与理想的共融，其旅游吸引物都摒弃了单纯的保护或复制，而是赋予了那些现代社会遗存下来的人类文明的承载物以新意与活力。

第四节　小结

西部少数民族地区拥有丰富的自然旅游资源和文化旅游资源，通过"传统旅游"逐渐羽化出了"文化旅游""生态旅游"等旅游新业态，最终实现了旅游地经济、文化、生态环境的协

---

[1]　邹统钎：《旅游开发与规划》，广东旅游出版社，1999。

调发展。

　　本章首先分析了文化旅游对西部民族地区的积极影响与消极影响，然后借鉴 Ko 等学者的研究成果，以特定文化旅游地的可持续性为研究对象，将定性分析与定量分析相结合，采用系统的观点，涵盖特定文化旅游地的人文系统和生态系统两大模块（包括 8 个维度、32 项指标），从简化论与整体论的结合出发，探索性地构建了文化旅游地可持续性评估体系，旨在对西部少数民族地区文化旅游地的可持续性进行综合评判，发现文化旅游地在可持续性方面存在的问题并提出政策建议，以期能对西部少数民族地区文化旅游的提升发展有所裨益。

西部民族地区文化旅游提升发展实证研究

——以云南为例

西部少数民族地区具有自然和人文旅游资源的优势，但是多数地区生态环境较为脆弱，旅游资源较为散乱，部分地区由于过分注重经济效益、忽视生态保护而盲目开发带来了不良后果，甚至导致了旅游质量的下降，影响了旅游经济的可持续发展。本章将选取文化旅游发展较好的云南省，通过对其文化旅游发展状况的审视、文化旅游可持续性的评估及评估结果的分析，试图对云南文化旅游"可持续性"发展较好的方面和不足甚或滞后的方面形成一个全面、客观的认知，旨在为后文探索如何促进西部少数民族地区文化旅游的提升发展提供一种思路和方向。

第一节　云南文化旅游概况

在历史的长河中，各族人民在云岭大地上共同创造了灿烂的文化，这些文化具有鲜明的地域特色，是文化旅游发展的宝贵资源。基于民族大省、丰富的文物古迹、众多的少数民族风情和风俗的宝贵的人文资源夯实了云南作为民族文化大省的基础。

首先，我国 56 个民族中，云南就有 52 个，其中人口在 5000 人以上的民族有 26 个，除汉族外，少数民族有 25 个，各民族分布呈大杂居、小聚居的特点。其中，云南的世居民族有 15 个：白族、哈尼族、傣族、傈僳族、拉祜族、佤族、纳西族、景颇族、布朗族、普米族、阿昌族、怒族、基诺族、德昂族、独龙族。此外，有 16 个民族跨境而居。云南也是全国民族自治地方最多的省份，有 8 个民族自治州和 29 个民族自治县，这些都足以说明云南是我国的一个民族大省。

其次，从最早的战国时期古滇王国的建立，到唐朝南诏统一六诏，建立南诏国，再到公元 937 年大理国的建立，以及纳西族的东巴文化都为云南谱写了灿烂、悠久和神秘的民族文化历史篇章。当然，作为历史文化的载体，悠久的历史给云岭大地留下了丰富的文物古迹。

再次，云南拥有众多的少数民族风情和风俗，如傣族的"泼水节"、彝族的"火把节"、白族的"三月街"、傈僳族的"刀杆节"、景颇族的"目瑙纵歌节"、摩梭人的走婚制度等，还有少数民族自己创作的民族文艺作品，如傣族的孔雀舞、纳西洞经古乐和东巴文经典《创世纪》、白族的霸王鞭、拉祜族的芦笙舞、彝族大三弦和《阿诗玛》传说等。毋庸置疑，民族大省、丰富的文物古迹、众多的少数民族风情和风俗都向世人证明了云南是一个民族文化资源大省。

基于民族文化资源富集的禀赋优势，云南旅游业近年来发展迅猛，特别是昆明、大理、丽江、香格里拉已成为全国乃至世界的文化旅游热点，其成功主要基于以下几个方面的匠心打造。

（1）基础设施配套。近年来，云南各地加快了交通、电力、通信、城市和景区景点基础设施建设，为旅游业的发展打下了良好的基础。通过对旅游基础设施的投入，使"吃、住、行、游、购、娱"六大产业要素完备，旅游市场功能完善，使游人更深刻地体认到自然与现代、古朴与文明的有效结合。

（2）旅游内涵丰富。以昆明、大理、丽江、香格里拉为主的云南各旅游地，充分利用多民族聚集的独特优势，深入挖掘民族文化和风俗人情，使旅游和文化紧密结合。游客在云南的旅游行程中，能够感受到浓厚的少数民族文化氛围，能欣赏到精彩纷呈、气氛热烈的少数民族歌舞表演和具有代表性的少数民族文化活动，比如白族的三道茶表演、纳西古乐表演等，让游客在品茗或欣赏中，领略了别样的少数民族文化。

（3）注重旅游产品的开发与销售。云南各旅游地充分利用当地丰富的自然资源和传统工艺，依托优势骨干企业，采用先进技术和新型材料，突出地方特色，提高商品档次，并基于大型旅游商品购物商城或购物街，把游客购物纳入旅游线路，初步形成了旅游商品开发、生产、加工、销售与旅游线路的无缝对接，如昆明的"七彩云南"、大理的"银都水乡新华村"等，既方便了游客购物，又保证了旅游产品质量，逐步把旅游商品培育成为旅游业新的经济增长点，促进了旅游业持续快速健康发展。

但是，云南各地在旅游发展的过程中，也不同程度存在对文化资源的过度挖掘和滥用等情况，很多地方的文化资源在旅游业蓬勃发展后不久便失去了原有的魅力。例如，在大理古城开发的过程中，许多具有白族特色的民居被开发和改造成客栈、宾馆；某些地区甚至放弃了他们世代相传的生活方式，不惜破坏当地文化和自然生态环境，超负荷地接待游客；再如，在丽江旅游业的发展中，随着东巴文化的声名远播，一些投机商在木料上刻上一些似是而非的图案就当作"东巴文字的艺术品"出售，人们在开发利用东巴文化的过程中，损害了东巴文化的真实性和客观性，开发的只是表层文化，许多所谓的工艺品、美术品、纪念品在滥用东巴文化。因此，如何将文化保护与旅游产业的开发有机地结合起来，力争做到既保护文化的原真性又推动旅游业的发展，就成为云南文化旅游发展的重中之重。

基于上述认知，本章通过对云南文化旅游可持续性总体指标和各因子的量化分析，旨在探索云南文化旅游发展的薄弱环节，进而为云南文化旅游提升发展的路径选择提供决策依据。

第二节　云南文化旅游可持续性评估
调查过程及结果分析

1993 年，世界旅游组织的环境理事会综合一些学者的研究成果，在 *International Working Group on Indicators of Sustainable Tourism* 一书中首次完整地提出一套用于评价旅游可持续发展的指标体系，按其适用范围分为复合指标、国家级指标、地方和目的地具体指标三类，分别适用于复合地区、国家和地方的旅游可持续发展评价和管理。国际旅行社联盟为响应欧共体可持续发展模式制定"威胁旅游可持续发展的指标"，涉及居民、旅游、生态和政策方面，该套指标中各指标的变化都会引起相关的变化，强调政府通过决策使旅游影响保持在可接受的范围内，从而影响旅游可持续发展的整个过程。本节运用上一章所构建的文化旅游地可持续性评估体系对云南文化旅游的可持续性进行评估，旨在为助推云南乃至西部少数民族地区文化旅游的可持续发展提供相应的政策建议。

一 云南文化旅游可持续性评估过程

1. 确定可持续性评估的维度

可持续性评估的维度是基于人文和生态两大系统延伸确定的。其中，人文系统包括社会文化发展状况、经济发展状况、社会政策支持以及旅游产品、服务的供给与质量等。由于西部民族地区拥有丰富的古村落资源，涵盖古民居、祠堂、庙宇、古墓、古井、古水塘、古桥等类型，这些承载着博大精深的农耕文化的古建筑聚落，已成为反映当地传统文化的重要载体和高品质的文化旅游吸引物，因此，本书将文化遗产和古建筑开发保护状况也作为一个重要的维度进行考量。生态系统则涵盖总体环境感知状况、生态系统质量及环境政策与管理水平三个方面。

2. 选取可持续性评估的具体测量指标

遵循科学性、可获得性、简洁性、整体性等原则，基于对云南文化旅游可持续发展影响因素的研究，确定了各维度的具体指标，分述如下。

维度1：社会文化发展状况。主要涉及旅游地的社会文化特征，涵盖物质文化挖掘与传承、民风民俗的改变、居民受教育水平以及旅游目的地治安状况4个指标。旅游地在进行旅游开发时，会造成当地传统文化的生态发生变化，通过上述4个指标可以反映旅游地的旅游业发展与文化保护和社区居民意识之间的关系。

维度2：经济发展状况。是指旅游地的经济运行情况。旅游开发能带动旅游地经济发展、促进产业结构调整、吸引资金、提升社区居民的生活质量，因此，该维度涵盖产业基础、旅游业带动能力、生活质量与水平和旅游业投资回报率4个指标。

维度3：社会政策支持。主要反映旅游地相关政策的供给情况，涵盖社区参与管理水平、利益分配公平性、社会发展政策以及旅游企业政策4个指标。从发展人类学的视角来看，旅游地开发过程中应处理好利益攸关者之间的关系，例如，在拟定旅游规划和相关政策时，政府应虚心听取社区居民的意见和建议，注重利益分配的公平与正义，协调好旅游开发过程中各方的利益，以获得社区和其他利益群体的支持，保证文化旅游开发活动的有序开展。

维度4：旅游产品、服务的供给与质量。良好的基础设施和旅游服务设施是旅游业发展强有力的依托和必不可少的条件；旅游从业人员和社区居民处于旅游地文化和形象宣传的最前线；旅游服务是旅游产品的核心，经营者除了向旅游者提供餐饮、旅游商品等少量有形产品外，也提供各种各样的接待、导游等服务，有特色、有内涵的旅游服务能更好地扩大对旅游地形象的宣传。因此，选取旅游产品、旅游基础设施、旅游从业人员素质和社区居民友善度4个指标对旅游服务的提供与质量进行评价。

维度5：文化遗产和古建筑开发保护状况。主要指旅游地的民居建筑、村落设施、居民生活劳动器具等的保护情况。旅游吸引物主要是自然型或者文化型旅游资源，云南民族、历史文化资源丰富，而且许多历史文化遗产分布在村镇，同样，云南的古镇资源丰富，拥有诸多古色古香的小城小镇，如丽江大研镇、建水县临安镇、玉龙县束河镇、耿马县孟定镇、勐海县打洛镇等一批不同类型、不同风格的旅游小镇，已经在国内外形成了较高的知名度和美誉度。鉴于此，本研究选择修缮资金投入、监督系统、建筑物完好程度以及保护政策完善程度4个指标对文化遗产和古建筑物的开发保护状况进行评估。

维度6：总体环境感知状况。反映了旅游者到达旅游地时，对旅游地环境的最直观的感受和评价。该维度涵盖旅游地空间拥挤程度、建筑物污染程度、环境污染程度和自然资源消耗状况4个指标。

维度7：生态系统质量。旅游地的生态系统质量是文化旅游开发的基础，该维度是对构成旅游地生态系统的各部分进行评估，主要包括空气质量、水质、噪声、森林覆盖率4个指标。

维度8：环境政策与管理水平。旅游开发在推动经济发展的同时，对当地自然环境造成的压力也越来越大。实现经济发展与环境保护的双赢是旅游地管理者必须重视的问题，环境政策与管理水平状况关系到旅游业的经济效益、社会效益和环境效益。旅游地生态环境保护、管理水平的优劣是实现旅游业可持续发展的关键，因此，该维度主要包括环境保护立法、环境保护规划的编制、环境监督管理水平以及废弃物处理能力 4 个指标。

3. 构建可持续性评估框架

基于上一章所构建的文化旅游地可持续性评估体系，结合对云南文化旅游可持续性的基本认知，云南文化旅游可持续评估框架如表 5 - 1 所示。

表 5 - 1 云南文化旅游可持续性评估框架

系 统		维 度	指 标	
云南文化旅游可持续性评估框架	人文系统	社会文化发展状况	物质文化挖掘与传承	民风民俗的改变
			居民受教育水平	旅游目的地治安状况
		经济发展状况	产业基础	旅游业带动能力
			生活质量与水平	旅游业投资回报率
		社会政策支持	社区参与管理水平	利益分配公平性
			社会发展政策	旅游企业政策
		旅游产品、服务的供给与质量	旅游产品	旅游基础设施
			旅游从业人员素质	社区居民友善度
		文化遗产和古建筑开发保护状况	修缮资金投入	监督系统
			建筑物完好程度	保护政策完善程度
	生态系统	总体环境感知状况	空间拥挤程度	建筑物污染程度
			环境污染程度	自然资源消耗状况
		生态系统质量	空气质量	水质
			噪声	森林覆盖率
		环境政策与管理水平	环境保护立法	环境保护规划的编制
			环境监督管理水平	废弃物处理能力

4. 数据的获取与分类采用

采用问卷调查与深度访谈等社会学调查方法获取资料和数据。

（1）问卷调查：问卷调查主要针对旅游地的利益攸关者（包括游客、云南文化旅游企业的高层管理者、旅游地居民等）发放问卷开展调查，通过将 32 个具体指标嵌入问卷，了解上述被试者对云南文化旅游可持续发展情况的认知和评价。

课题组于 2012 年 11 月至 2013 年 4 月在丽江、大理、昆明共发放调查问卷 413 份，有效问卷 370 份，问卷采取"就地发放，当场填写，当场收回"的方式，回收效果较好。问卷发放主要采取两种方式，一是通过当地旅行社将问卷发放给游客，请游客在旅行车上抽几分钟时间完成；二是利用课题组成员受邀为在丽江举办的"2012 年第三期云南省全国旅游饭店总经理岗位职务培训班"授课的机会，请参训人员填写完成。

本次调查发放 413 份问卷，其中，对游客发放 213 份，有效问卷 196 份，有效率为 92.02%；对旅游地居民和相关企业高管发放 200 份，有效问卷 174 份，有效率为 87%。问卷题目采用五点量表，选项中 1、2、3、4、5 分别对应表示"差""较差""一般""较好""好"五种评价。

（2）深度访谈：课题组成员对云南省旅游局、昆明市政府研究室、昆明市工商行政管理局、丽江市文产办、丽江市旅游局、丽江市东巴文化研究院、丽水金沙演艺有限公司等机构或相关单位的高管进行了深度访谈，重点调查云南/丽江文化旅游发展历程、古城保护举措、文化旅游开发的成功经验与不足、居民参与状况、城市化/现代化/商业化对古城的冲击以及居民的认知、态度等问题，旨在全面了解云南及丽江文化旅游可持续发展的态势。

5. 评价方法

将问卷调查所获得的数据进行整理后，绘制旅游可持续性晴雨表图（BTS）和旅游可持续性指标阿米巴虫图（ATSI），对云南文化旅游的可持续性进行评估。BTS 图将人文系统和生态系统结合起来评价某一旅游地整体的旅游可持续发展水平，但其缺陷是不能分析具体指标的情况，因此，本研究还采用 ATSI图，用以显示 32 个可持续因子的水平，以弥补 BTS 图的缺陷。

二　云南文化旅游可持续性评估分析

基于所绘制的 BTS 图和 ATSI 图，可以从旅游地整体可持续性水平和具体评价指标两个方面对云南文化旅游可持续发展状况进行研判。

1. 云南文化旅游可持续性整体水平

统计结果显示，人文系统的得分为 3.0355，生态系统的得分为 2.7942，由此绘制出云南省文化旅游可持续晴雨表图，如图 5 - 1 所示。从图中可以看出：云南文化旅游的可持续性水平处于中间阶段，靠近潜在可持续发展阶段，说明旅游的开发还未导致云南文化旅游的不可持续性，目前的开发活动尚未危及当地旅游业的健康发展，但是如不重视对文化生态的保护，仍会给其文化旅游的可持续性带来阻碍。

2. 云南文化旅游各指标的可持续性水平

云南文化旅游 32 个指标的可持续性的平均分值，如表 5 - 2

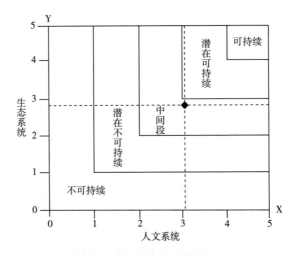

图 5-1　云南文化旅游可持续晴雨表（BTS 图）示意

所示。基于 32 个指标的平均分值所绘制的云南文化旅游可持续性指标阿米巴虫图（ATSI），如图 5-2 所示。ATSI 图中封闭图形的边界越接近最外部的圆圈，则反映所对应指标的可持续性水平越高。图 5-2 显示，云南文化旅游各指标的可持续性仅有 13 个处于可持续发展水平之上，而其他 19 个指标均处于可持续发展水平之下，这意味着云南文化旅游的可持续性存在较多亟待改进之处，下面逐一进行分析。

（1）云南在维度 1 "社会文化发展状况" 的 4 个指标 SI1 ~ SI4，即物质文化挖掘与传承、民风民俗的改变、居民受教育水平、旅游目的地治安状况的得分依次为 3.2、2.41、2.6、3.32。其中，物质文化挖掘与传承和旅游目的地治安状况较好，均处于可持续发展水平之上，说明云南在旅游发展过程中已经注意到物质文化挖掘与传承的重要性；另外，云南各地民风淳朴，治安状况尚属良好。但是，基于旅游地商业化的影响、外来居民的进入以及社区居民对利益的诉求，对传统文化的摈弃使得当地的原生态文化受到了一定程度的破坏，民风民俗发生了较大改变。此外，基于经济社会发展滞后的影响，当地居民的受教育水平较低，对旅游开发与文化保护之间的关系认识不到位，也制约着当地的文化旅游可持续发展水平的提升。

（2）云南在维度2"经济发展状况"的4个指标SI5～SI8，即产业基础、旅游业带动能力、生活质量与水平、旅游业投资回报率的得分依次为3.75、3.48、3.19、3.23。统计结果显示，这4个指标均处于可持续发展水平之上，尤其产业基础得分较高，反映了云南旅游开发的基础较好，这源于云南良好的旅游资源禀赋及旅游业作为云南重点发展的新兴支柱产业的战略定位，旅游业带动了旅游目的地经济社会的发展。

（3）云南在维度3"社会政策支持"的4个指标SI9～SI12，即社区参与管理水平、利益分配公平性、社会发展政策、旅游企业政策的得分依次为2.94、2.58、3.34、3.19。统计结果显示，社会发展政策、旅游企业政策均处于可持续发展水平之上，反映了云南旅游地的政策导向有利于文化旅游的提升发展。但是，在社区参与管理水平和利益分配公平性两个方面却呈现出不可持续的状态。旅游地的旅游开发离不开利益攸关者的投入和参与，社区居民有权利参与旅游的开发和规划，在后续开发中如何将社区居民合理的愿望和利益诉求反映在规划和政策中，如何对旅游开发的收益进行合理分配，对社区居民的损失进行适当补偿，以减少各方在旅游开发中的误会和冲突，就成为当地政府和相关企业亟待思考的一个命题。

（4）云南在维度4"旅游产品、服务的供给与质量"的4

个指标 SI13 ~ SI16，即旅游产品、旅游基础设施、旅游从业人员素质、社区居民友善度的得分依次为 2.98、2.95、2.81、3.68。其中，仅有社区居民友善度达到可持续发展水平以上，这反映了旅游地民风淳朴，好客度高，游客在旅游地普遍能感受到当地居民的朴实善良、热情友好。同时，由于云南地处西部边疆民族地区，交通不便，基础设施配置不全，影响了游客的体验热情；旅游从业人员素质不高，加之游客在景区停留时间较短等因素的影响，使游客无法深入体验旅游地的民风民俗，再加上旅游产品单一，同质化现象严重，缺乏真正能体现当地文化的旅游产品，进而影响了游客对旅游地的印象和评价。

（5）云南在维度5"文化遗产和古建筑开发保护状况"的4个指标 SI17 ~ SI20，即修缮资金投入、监督系统、建筑物完好程度、保护政策完善程度的得分依次为 2.77、2.6、2.84、2.85，均处于可持续发展水平之下。

西部地区拥有较多的传统村落，2012 年 12 月，住建部、文化部等部门公布第一批中国传统村落名单，全国 28 个省份共 648 个传统村落入选，其中贵州省最多，有 90 个，云南省和山西省分别为 62 个、48 个，分列 2、3 位。[①] 传统村落是指村落形成较早，拥有较丰富的传统资源，具有一定历史、文化、科学、艺术、社会、经济价值，应予以保护的村落。只要符合传统建筑风貌完整、选址和格局保持传统特色、非物质文化遗产活态传承 3 个条件之一的村落，即可被列为调查对象。其中，传统建筑风貌完整是指历史建筑、乡土建筑、文物古迹等建筑集中

---

① 《第一批列入中国传统村落名录的村落名单》［EB/OL］，http://www.mohurd.gov.cn/zcfg/jsbwj_o/jsbwjczghyis/201212/t 20121219_ 212340. 2012－12－17.

连片分布或总量超过村庄建筑总量的 1/3，较完整地体现一定历史时期的传统风貌。由此可见，古建筑是历史传承的重要载体，人类不能失去铭刻着古老生活文化气息的传承载体，如果失去就是一种悲哀。

而当前云南对文化遗产和古建筑的保护主要针对的是一些建筑物的修缮（如大理崇圣寺三塔景区），但统计结果显示：该维度的 4 个指标均低于可持续发展水平，说明对文化遗产和古建筑等的保护仍然不尽如人意。我国古建筑中，砖木结构的居多，保护工作难度较大，依然需要全社会的共同努力。除了政府、专业部门的努力之外，普通民众的保护意识也亟待加强，让保护传统文化成为一种自觉的行为。

（6）云南在维度 6 "总体环境感知状况" 的 4 个指标 SI21~SI24，即空间拥挤程度、建筑物污染程度、环境污染程度、自然资源消耗状况的得分依次为 2.31、2.49、2.57、2.38。统计结果显示：4 个指标均处于可持续发展水平之下，反映了在旅游总体环境影响的感知方面，相关利益群体特别是社区居民对旅游环境影响的负面感知强于正面感知。社区居民认为旅游开发虽然增加了对文化资源保护的力度及机会，使交通改善、休闲娱乐和购物场所增加，但游客的到来给当地的环境保护、能源供给、垃圾处理等方面带来了不小的压力，再加上游客的环境保护意识不强及不健康、不合理的需求动机，影响了旅游地的可持续发展。例如，某些游客来丽江，多是想体验古城的酒吧文化，追寻艳遇的刺激，这就难免会带来扰民、环境污染、治安不良等问题。

（7）云南在维度 7 "生态系统质量" 的 4 个指标 SI25~

SI28，即空气质量、噪声、水质、森林覆盖率的得分依次为3.57、3.18、3.13、3.52，反映了云南生态系统质量的 4 个指标均处于可持续发展水平之上，其中，空气质量评分最高，云南的空气总体质量状况得到了多方的肯定；森林覆盖率评分次高，云南拥有丰富的森林资源，截至 2012 年，云南的森林覆盖率已超 53%；而水质的得分居后，与近几年的干旱关系密切，云南连续 4 年大旱，水资源日趋紧张，再加上九大高原湖泊的治理问题，使水资源的保护与有效利用成为社会关注的焦点。

（8）云南在维度 8 "环境政策与管理水平"的 4 个指标SI29~SI32，即环境保护立法、环境保护规划的编制、环境监督管理水平、废弃物处理能力的得分依次为 2.74、2.69、2.65、2.3，反映了环境政策与管理水平的 4 个指标均处于可持续发展水平之下，尤其是废弃物处理能力得分较低，显示了云南在旅游开发中对环境保护的立法、规划编制和监督方面关注度不够，废弃物处理的设施建设滞后，在一定程度上制约了生态系统的可持续发展。

表 5－2　云南文化旅游可持续性指标评估值

可持续			维度	不可持续		
代码	指标	得分		代码	指标	得分
SI4	旅游目的地治安状况	3.32	社会文化发展状况	SI3	居民受教育水平	2.60
SI1	物质文化挖掘与传承	3.20		SI2	民风民俗的改变	2.41
SI5	产业基础	3.75	经济发展状况		无	
SI6	旅游业带动能力	3.48				
SI8	旅游业投资回报率	3.23				
SI7	生活质量与水平	3.19				
SI11	社会发展政策	3.34	社会政策支持	SI9	社区参与管理水平	2.94
SI12	旅游企业政策	3.19		SI10	利益分配公平性	2.58

续表

可持续			维度	不可持续			
代码	指标	得分		代码	指标	得分	
SI16	社区居民友善度	3.68	旅游产品、服务的供给与质量	SI13	旅游产品	2.98	
				SI14	旅游基础设施	2.95	
				SI15	旅游从业人员素质	2.81	
	无		文化遗产和古建筑开发保护状况	SI20	保护政策完善程度	2.85	
				SI19	建筑物完好程度	2.84	
				SI17	修缮资金投入	2.77	
				SI18	监督系统	2.60	
	无		总体环境感知状况	SI23	环境污染程度	2.57	
				SI22	建筑物污染程度	2.49	
				SI24	自然资源消耗状况	2.38	
				SI21	空间拥挤程度	2.31	
SI25	空气质量	3.57	生态系统质量		无		
SI28	森林覆盖率	3.52					
SI26	噪声	3.18					
SI27	水质	3.13					
	无		环境政策与管理水平	SI29	环境保护立法	2.74	
				SI30	环境保护规划的编制	2.69	
				SI31	环境监督管理水平	2.65	
				SI32	废弃物处理能力	2.30	

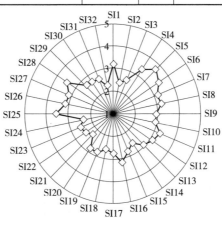

图 5-2 云南文化旅游可持续性指标 ATSI 图示意

第三节　云南文化旅游可持续性
评估指标权重研究

一　云南文化旅游可持续性评估体系的结构

通过借鉴相关研究成果，本研究运用层次分析法（Analytical Hierarchy Process，AHP）对云南文化旅游可持续性指标体系进行评价。

层次分析法是将一个复杂问题分解成几个大的方面，然后对每个方面进一步分解成更细小的方面，如此层次递进，直至分解成可以用数据直接描述的层次。

1. 运用 AHP 的基本步骤

（1）建立层次结构模型。在深入分析实际问题的基础上，将有关的各个因素按照不同属性自上而下地分解成若干层次，同一层的诸因素从属于上一层的因素或对上一层因素有影响，同时又支配下一层的因素或受到下一层因素的作用。最上层为目标层，通常只有一个因素，最下层通常为方案或对象层，中间可以有一个或几个层次，通常称为准则层或指标层。当准则过多时（譬如多于9个）应进一步分解出子准则层。

（2）构造成对比较阵。从层次结构模型的第 2 层开始，对于从属于（或影响）上一层每个因素的同一层诸因素，用成对比较法和 1~9 比较尺度构造成对比较阵（见表 5 - 3），直到最低层。

（3）计算权向量并做一致性检验。对于每一个成对比较阵计算最大特征根及对应特征向量，利用一致性指标、随机一致性指标和一致性比例做一致性检验。若检验通过，特征向量（归一化后）即为权向量，若不通过，需重新构建成对比较阵。

（4）计算组合权向量并做组合一致性检验。计算最下层对目标的组合权向量，并根据公式做组合一致性检验，若检验通过，则可按照组合权向量表示的结果进行决策，否则需要重新考虑模型或重新构造那些一致性比例较大的成对比较阵。

表 5 - 3 　层次分析法比例标度

两因子相对重要性比较	绝对重要	十分重要	比较重要	稍微重要	同等重要	稍不重要	不重要	很不重要	绝对不重要
标定值	9	7	5	3	1	1/3	1/5	1/7	1/9

2. 综合评价指数的计算

本章所构建的云南文化旅游可持续性评估体系，由上至下共分为 4 个层次，如表 5 - 4 及图 5 - 3 所示，它们是：目标层（用字母 A 标示）、指标层（用字母 B 标示）、要素层（用字母 C 标示）和因子层（用字母 D 标示），其中，指标层由人文系统可持续发展和生态系统可持续发展两个系统构成；要素层涵盖社会文化发展状况、经济发展状况、社会政策支持、旅游产品、服务的供给与质量、文化遗产和古建筑开发保护状况、总体环境感知状况、生态系统质量和环境政策与管理水平，因子层则由 32 个因子构成。

本研究应用线性加权综合法计算评价指数。线性加权综合法是指标体系中各项指标的标准值与其权重的乘积之和，它是多指标综合评价指数合成中最常用的方法。在确定各单项指标在各自对应层次的权重（即相对重要度）及其对系统总层次的总排序权重（综合重要度）的基础上，通过线性加权综合法，进一步求其综合评价指标以评价旅游地可持续发展程度。以 W 为各单项指标的总排序权重，以 X_i 作为各单项指标的标准值，综合评价指数 Z 的计算公式为

$$Z = \Sigma W_i X_i \ (i = 1, \ 2, \ \cdots, \ n)$$

公式中，Z 为被评价对象得到的综合评价值，W_i 为评价指标的权重，X_i 为指标的标准值，n 为评价指标的个数。

3. 综合评价指数的分级

参照国内外综合指数分级方法，设计一个评价指数分级标准并给出相应的分级评语，给综合评价指数一个定性的描述。此处，旅游可持续发展程度 5 级的指数范围如表 5 - 5 所示。

问卷设计采用的是五点量表，即将各指标的可持续性分为 5 个等级，即可持续（$4 < SI \leqslant 5$）、潜在可持续（$3 < SI \leqslant 4$）、中间等级（$SI = 3$）、潜在不可持续（$2 < SI < 3$）、不可持续（$1 < SI \leqslant 2$），利用 SPSS23.0 软件对数据进行分析，计算出 32 个指标的平均值，再通过 Excel 软件生成图形，将 ATSI 图中 32 条射线上所显示的各指标值连成一个闭合曲线，闭合曲线所围面积越大，则表明旅游地的可持续发展水平越高，图 5 - 2 中以 "3" 为标志的圆弧是潜在可持续与潜在不可持续的分界线。

基于对指标体系设计方法和指标体系综合评价方法的研究，可以将旅游地可持续性评估体系的构建过程归结为：

建立指标体系→收集评估资料和数据→处理数据→确定指标权重→合成指数→生成评估结果→确定评估结果。

表 5-4　云南文化旅游可持续性评估体系

目标层	指标层	要素层	因子层
云南文化旅游可持续发展评估（A）	人文系统（B₁）	社会文化发展状况（C₁）	物质文化挖掘与传承（D₁）
			民风民俗的改变（D₂）
			居民受教育水平（D₃）
			旅游目的地治安状况（D₄）
		经济发展状况（C₂）	产业基础（D₅）
			旅游业带动能力（D₆）
			生活质量与水平（D₇）
			旅游业投资回报率（D₈）
		社会政策支持（C₃）	社区参与管理水平（D₉）
			利益分配公平性（D₁₀）
			社会发展政策（D₁₁）
			旅游企业政策（D₁₂）
		旅游产品、服务的供给与质量（C₄）	旅游产品（D₁₃）
			旅游基础设施（D₁₄）
			旅游从业人员素质（D₁₅）
			社区居民友善度（D₁₆）
		文化遗产和古建筑开发保护状况（C₅）	修缮资金投入（D₁₇）
			监督系统（D₁₈）
			建筑物完好程度（D₁₉）
			保护政策完善程度（D₂₀）
	生态系统（B₂）	总体环境感知状况（C₆）	空间拥挤程度（D₂₁）
			建筑物污染程度（D₂₂）
			环境污染程度（D₂₃）
			自然资源消耗状况（D₂₄）
云南文化旅游可持续发展评估（A）	生态系统（B₂）	生态系统质量（C₇）	空气质量（D₂₅）
			水质（D₂₆）
			噪声（D₂₇）
			森林覆盖率（D₂₈）
		环境政策与管理水平（C₈）	环境保护立法（D₂₉）
			环境保护规划的编制（D₃₀）
			环境监督管理水平（D₃₁）
			废弃物处理能力（D₃₂）

表 5 – 5　旅游可持续发展程度分级

分　级	指数值	评　价
1	4 < SI ≤ 5	可持续
2	3 < SI ≤ 4	潜在可持续
3	SI = 3	中间等级
4	2 < SI < 3	潜在不可持续
5	1 < SI ≤ 2	不可持续

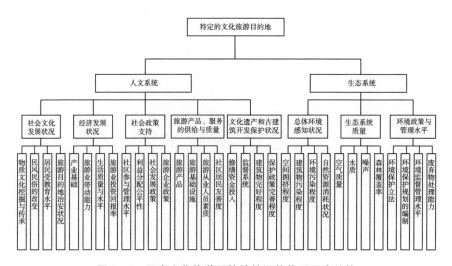

图 5 – 3　云南文化旅游可持续性评估体系层次结构

二　云南文化旅游可持续性评估体系权重的确定

云南文化旅游可持续性评估体系权重的确定，就是根据评估指标体系中各项指标重要程度的不同做一量化的设置，某个评价指标的权重可根据文化旅游可持续发展战略、旅游者的需求特点和其在不同评价阶段中的相对重要程度分别进行赋值。

1. 权重评价方法

采用专家会议方法对评估体系中指标的权重进行判断，共邀请了 40 位专家参与本次评价，其中包括云南省文化旅游企业的高层管理者 20 人、政府职能部门和旅游局的负责人 10 人、云南省高校文化旅游相关专业学者 10 人。

2. 云南文化旅游可持续性评估指标权重计算

在评估过程中，选用 9 标度法构建判断矩阵，具体含义如表 5 - 6 所示。

表 5 - 6　Saaty 9 标度法含义

标　度	含　义
1	i 因素与 j 元素比较，具有同样重要性
3	i 因素与 j 元素比较，前者比后者稍微重要
5	i 因素与 j 元素比较，前者比后者重要
7	i 因素与 j 元素比较，前者比后者十分重要
9	i 因素与 j 元素比较，前者比后者绝对重要
2、4、6、8	介于上述相邻判断的中间值
倒数	j 元素与 i 因素比较，得到的判断值为 $a_ji = 1/a_ij$

基于上述方法，构建出 11 个比较判断矩阵（使用 yaahp 软件进行计算），用于比较 A，B_1，B_2，C_1，C_2，…，C_8，D_1，D_2，…，D_{32} 各维度中所包含的指标、要素和因子之间的相对权重，具体比较结果如表 5 - 7、表 5 - 8、表 5 - 9、表 5 - 10、表 5 - 11、表 5 - 12、表 5 - 13、表 5 - 14、表 5 - 15、表 5 - 16 及表 5 - 17 所示。

表 5 - 7　判断矩阵 A - B

A	B_1	B_2	Wi
B_1	1.0000	5.0000	0.8333
B_2	0.2000	1.0000	0.1667
$\lambda_{max} = 2.0000$，CR = 0.0000			

表 5 – 8　判断矩阵 B₁ – C

B₁	C₁	C₂	C₃	C₄	C₅	Wi
C₁	1.0000	5.0000	1.0000	3.0000	3.0000	0.3443
C₂	0.2000	1.0000	0.2000	0.2000	0.3333	0.0491
C₃	1.0000	5.0000	1.0000	3.0000	2.0000	0.3175
C₄	0.3333	5.0000	0.3333	1.0000	0.3333	0.1147
C₅	0.3333	5.0000	0.5000	3.0000	1.0000	0.1744

$\lambda_{max} = 5.2995$，CR = 0.0669

表 5 – 9　判断矩阵 B₂ – C

B₂	C₆	C₇	C₈	Wi
C₆	1.0000	1.0000	0.2500（1/4）	0.1604
C₇	1.0000	1.0000	0.2000（1/5）	0.1488
C₈	4.0000	5.0000	1.0000	0.6908

$\lambda_{max} = 3.0055$，CR = 0.0053

表 5 – 10　判断矩阵 C₁ – D

C₁	D₁	D₂	D₃	D₄	Wi
D₁	1.0000	0.5000	7.0000	1.0000	0.2632
D₂	2.0000	1.0000	5.0000	3.0000	0.4504
D₃	0.1429	0.2000	1.0000	0.1429	0.0486
D₄	1.0000	0.3333	7.0000	1.0000	0.2378

$\lambda_{max} = 4.2097$，CR = 0.0785

表 5 – 11　判断矩阵 C₂ – D

C₂	D₅	D₆	D₇	D₈	Wi
D₅	1.0000	3.0000	7.0000	7.0000	0.2706
D₆	0.3333	1.0000	7.0000	3.0000	0.1023
D₇	0.1429	0.1429	1.0000	0.3333	0.5793
D₈	0.1429	0.3333	3.0000	1.0000	0.0478

$\lambda_{max} = 4.163$，CR = 0.0604

表 5 - 12　判断矩阵 $C_3 - D$

C_3	D_9	D_{10}	D_{11}	D_{12}	Wi
D_9	1. 0000	2. 0000	0. 1429	3. 0000	0. 1540
D_{10}	0. 5000	1. 0000	0. 1429	1. 0000	0. 0827
D_{11}	7. 0000	7. 0000	1. 0000	0. 1429	0. 6886
D_{12}	0. 3333	1. 0000	0. 1429	1. 0000	0. 0747

$$\lambda_{max} = 4.1171, \ CR = 0.0438$$

表 5 - 13　判断矩阵 $C_4 - D$

C_4	D_{13}	D_{14}	D_{15}	D_{16}	Wi
D_{13}	1. 0000	5. 000	3. 0000	7. 0000	0. 5638
D_{14}	0. 2000	1. 0000	0. 3333	3. 0000	0. 1178
D_{15}	0. 3333	3. 0000	1. 0000	5. 0000	0. 2634
D_{16}	0. 1429	0. 3333	0. 2000	1. 0000	0. 0550

$$\lambda_{max} = 4.1169, \ CR = 0.0438$$

表 5 - 14　判断矩阵 $C_5 - D$

C_5	D_{17}	D_{18}	D_{19}	D_{20}	Wi
D_{17}	1. 0000	1. 0000	5. 0000	0. 3333	0. 2201
D_{18}	1. 0000	1. 0000	5. 0000	0. 3333	0. 2201
D_{19}	0. 2000	0. 2000	1. 0000	0. 2000	0. 0579
D_{20}	3. 0000	3. 0000	5. 0000	1. 0000	0. 5019

$$\lambda_{max} = 4.1533, \ CR = 0.0574$$

表 5 - 15　判断矩阵 $C_6 - D$

C_6	D_{21}	D_{22}	D_{23}	D_{24}	Wi
D_{21}	1. 0000	0. 3333	0. 3333	0. 1667	0. 0695
D_{22}	23. 0000	1. 0000	0. 5000	0. 1667	0. 1333
D_{23}	3. 0000	2. 0000	1. 0000	0. 5000	0. 2481
D_{24}	6. 0000	6. 0000	2. 0000	1. 0000	0. 5491

$$\lambda_{max} = 4.1171, \ CR = 0.0439$$

表 5 – 16　判断矩阵 C_7 – D

C_7	D_{25}	D_{26}	D_{27}	D_{28}	Wi
D_{25}	1.0000	3.0000	3.0000	5.0000	0.5019
D_{26}	0.3333	1.0000	1.0000	5.0000	0.2201
D_{27}	0.3333	1.0000	1.0000	5.0000	0.2201
D_{28}	0.2000	0.2000	0.2000	1.0000	0.0579

$\lambda_{max} = 4.1533$, CR = 0.0574

表 5 – 17　判断矩阵 C_8 – D

C_8	D_{29}	D_{30}	D_{31}	D_{32}	Wi
D_{29}	1.0000	3.0000	1.0000	5.0000	0.4205
D_{30}	0.3333	1.0000	0.5000	1.0000	0.1365
D_{31}	1.0000	2.0000	1.0000	3.0000	0.3344
D_{32}	0.2000	1.0000	0.3333	1.0000	0.1086

$\lambda_{max} = 4.0534$, CR = 0.0200

3. 数据计算

经过层层指标权重的计算，最终得出云南文化旅游可持续性评估指标权重值，具体各层指标的权重如表 5 – 18 所示。需要指出的是，专家在评价每个阶段的权重时，对各阶段评价指标体系中对文化旅游可持续性相对重要的指标赋予较大的权重，而对那些相对不太重要的指标赋予较小的权重，更能体现综合评定结果的准确性。

结果显示，人文系统中保护政策完善程度（13.27%）、民风民俗的改变（12.92%）、社会发展政策（10.01%）、物质文化挖掘与传承（7.55%）、旅游目的地治安状况（6.82%）、修缮资金投入（5.82%）、监督系统（5.82%）、旅游产品（5.39%）及旅游从业人员素质（2.52%）和生态系统中环境保护立法（4.84%）及环境监督管理水平（3.85%）对云南文化旅游的可持续性影响较大。

表 5 – 18　云南文化旅游可持续性评估指标综合权重

指标层	要素层	因子层	权重	总权重
云南文化旅游可持续发展评估（A）	人文系统（B₁）0.8333	社会文化发展状况（C₁）0.3443	物质文化挖掘与传承（D₁）	0.2632	0.0755
			民风民俗的改变（D₂）	0.4504	0.1292
			居民受教育水平（D₃）	0.0486	0.0140
			旅游目的地治安状况（D₄）	0.2378	0.0682
		经济发展状况（C₂）0.0491	产业基础（D₅）	0.5793	0.0237
			旅游业带动能力（D₆）	0.2706	0.0111
			生活质量与水平（D₇）	0.0478	0.0020
			旅游业投资回报率（D₈）	0.1023	0.0042
		社会政策支持（C₃）0.1774	社区参与管理水平（D₉）	0.1540	0.0224
			利益分配公平性（D₁₀）	0.0827	0.0120
			社会发展政策（D₁₁）	0.6886	0.1001
			旅游企业政策（D₁₂）	0.0747	0.0109
		旅游产品、服务的供给与质量（C₄）0.1148	旅游产品（D₁₃）	0.5638	0.0539
			旅游基础设施（D₁₄）	0.1178	0.0113
			旅游从业人员素质（D₁₅）	0.2634	0.0252
			社区居民友善度（D₁₆）	0.0550	0.0053
		文化遗产和古建筑开发保护状况（C₅）0.3174	修缮资金投入（D₁₇）	0.2201	0.0582
			监督系统（D₁₈）	0.2201	0.0582
			建筑物完好程度（D₁₉）	0.0579	0.0153
			保护政策完善程度（D₂₀）	0.5019	0.1327
	生态系统（B₂）0.1667	总体环境感知状况（C₆）0.1604	空间拥挤程度（D₂₁）	0.0695	0.0019
			建筑物污染程度（D₂₂）	0.1333	0.0036
			环境污染程度（D₂₃）	0.2481	0.0066
			自然资源消耗状况（D₂₄）	0.5491	0.0147
		生态系统质量（C₇）0.1488	空气质量（D₂₅）	0.5019	0.0124
			水质（D₂₆）	0.2201	0.0055
			噪声（D₂₇）	0.2201	0.0055
			森林覆盖率（D₂₈）	0.0579	0.0014

	指标层	要素层	因子层	权重	总权重
(A)	生态系统（B₂）0.1667	环境政策与管理水平（C₈）0.6908	环境保护立法（D₂₉）	0.4205	0.0484
			环境保护规划的编制（D₃₀）	0.1365	0.0157
			环境监督管理水平（D₃₁）	0.3344	0.0385
			废弃物处理能力（D₃₂）	0.1086	0.0125

第四节　云南文化旅游可持续性评估

——基于案例的考察

一　案例区的选择及其文化旅游发展概况

1. 案例区的选择

2003 年，丽江成为全国 9 个文化体制改革综合性试点中唯一的地级市。改革开放 30 多年，丽江从一个名不见经传的西南边陲小镇变成享誉中外的世界级旅游文化名城，丽江古城、三江并流、东巴文献古籍分别被列入"世界文化遗产"、"世界自然遗产"和"世界记忆遗产"。

1995 年，丽江旅游总收入仅为 3.26 亿元；进入 21 世纪后，旅游业以其蓬勃发展的态势逐步成为丽江国民经济的重要支柱产业，产业规模不断扩张，产业体系进一步完善。2007～2011年，云南 GDP 年均增长率为 16.83%，旅游业的年均增长率为 23.49%，2011 年旅游收入在云南 GDP 中的占比达 14.62%；而同期丽江 GDP 年均增长率为 20.44%，旅游业的年均增长率为 27.83%，2011 年旅游收入在丽江 GDP 中的占比达 85.27%，如

表5-19所示。由此可见，丽江旅游业的发展速度和对本地经济发展的贡献度高于省内其他地州市。

表5-19 2007~2011年丽江、大理、迪庆、昆明及云南旅游业增长、占比

单位：%

地　区	GDP 年均增长	旅游收入年均增长	2007 年旅游业占比	2011 年旅游业占比
丽　江	20.44	27.83	67.20	85.27
大　理	15.30	18.65	21.73	24.36
迪　庆	21.15	13.44	97.12	74.68
昆　明	15.59	18.67	12.07	13.42
云　南	16.83	23.49	11.72	14.62

丽江旅游业虽然起步较晚，但在开发初期，就清醒地认识到旅游业对自然景观和文化的依赖性，认识到要实现旅游业的可持续发展，就必须把保护自然生态与保护文化生态等量齐观。基于上述认知，本研究选择开发模式较为成熟的西部民族地区文化旅游发展的典型代表——丽江作为案例区，基于宏观、中观和微观三个层面选择了丽江市文产办、丽江市旅游局、丽江电视台、丽江市东巴文化研究院、丽江市电影有限责任公司、丽水金沙演艺有限公司、丽江纳西文化产业开发有限公司、丽江白鹿国际旅行社有限公司、丽江东巴谷生态文化旅游有限公司、丽江玉水寨生态文化旅游有限公司等文化旅游相关部门及企业的高层进行访谈，基于对上述机构和企业的观察和深度访谈获取第一手资料，对所获取的资料进行定性分析，旨在更好地审视丽江文化旅游的可持续性并提出其提升发展的对策。

2. 丽江旅游业发展概况

居于青藏高原南段、横断山脉向云贵高原北部云岭山脉过

渡衔接地带的丽江，是全国生态环境保护最好的地区之一，有
"东方瑞士"的美誉。众多各具特色的景区在丽江共同构成了一
幅壮美的自然画卷，深厚的历史文化底蕴和绚丽的民族文化风
情成就了丽江无与伦比的独特魅力。

　　基于自然资源和文化资源富集的资源禀赋优势，丽江自20世
纪80年代开始发展旅游业，到1995年进入快速增长期。"十五"
计划开局的2001年，丽江接待海内外游客首次突破300万人次，
达到322.1万人次，其中海外游客10.52万人次，国内游客
311.58万人次，旅游总收入20.43亿元，其中，旅游外汇收入
3038万美元，国内旅游收入17.9亿元人民币①；而到2012年，
丽江接待海内外游客1599.1万人次，其中，海外游客84.7万人
次，国内游客1514.4万人次，旅游总收入211.73亿元人民币，
其中，旅游外汇收入28886.14万美元，国内旅游收入192.96亿
元人民币②，接待游客人数、海外游客人数、旅游总收入、旅游
外汇收入和国内旅游收入的年均增速分别为15.68%、20.88%、
23.69%、22.72%、24.12%，丽江旅游经济持续保持两位数的
增长，为丽江市经济社会又好又快发展做出了积极贡献。

二　丽江文化旅游可持续开发模式的审视

　　丽江旅游业的发展速度及其对区域经济的贡献度在云南省
处于领先水平，在旅游开发的过程中，丽江形成了独特的"丽

---

① 住建部：《648个村落入选中国传统村落》［EB/OL］，http：//www.sxzj.net/cms/html/
　　main/col13/2013－04/19/20130419095539074916860_1.html，2013－04－12。
② 《丽江2012年共接待游客1599万人次》［EB/OL］，http：//news.lijiang.cn/travel/ar-
　　ticles/2013－01/28/content_82442.htm，2013－01－28。

江模式"。早在 1951 年年初，地方政府就做出了"保留旧城，另辟新城"的决策，正是这个明智的决策，为今天的"丽江模式"奠定了基础。1986 年，原丽江县提出"把旅游作为主导产业"的发展思路，经过 10 年的铺垫和准备，到 1995 年，旅游业在丽江经济中的支柱地位开始确立，同时丽江人也清醒地认识到：旅游业对文化与自然景观具有极强的依赖性，如果不能对文化和自然景观实施有效的保护，旅游业就难以持续性地发展。

近年来，当地政府及社会各界本着对丽江负责、对历史负责的态度，在文化旅游的可持续发展方面进行了艰难而执著的探索。①

1. 对丽江古城建筑物的保护

按照"继承、保护、发展"相结合的原则，编制了《古城保护规划》，规划将古城建筑分类，提出原样保留、局部改造、加固、拆除、恢复重建等不同措施，既保护了历史环境和建筑，又发展了经济社会功能，还提高了居民的生活质量。

2. 对丽江古城分级划区保护

我们将丽江古城划分为绝对保护区、严格控制区和环境协调区三部分。

（1）绝对保护区是反映古城风貌特色的主要部分。在绝对保护区内，要求全面保持传统风貌，主要空间尺度保持不变，在此基础上逐步改善环境质量，完善基础设施。

（2）严格控制区在绝对保护区外围。在该区域内，要求基本保持传统风貌，但空间、尺度可稍有变化，并将该范围内与

---

① 相关资料为笔者所在课题组实地调研收集得到，以下未标注资料来源的均为课题组实地调研收集所得。

古城性质有冲突的单位搬迁出去。

（3）环境协调区主要包括古城外围约 100 米的地区。该区域大体上须保持传统风貌，可充实少量新设施，空间尺度力求亲切宜人。

3. 加大对古城的保护投入

通过征收古城维护费的方式筹集资金，加大对古城保护的投入，同时让古城居民参与旅游经营服务以增加其经济收入，在推动社区发展的同时使当地居民更加热爱古城并为古城的发展贡献自己的力量。

4. 对东巴文化的开发和管理

通过开展东巴古籍文献的整理、东巴骨干人才的培养和考核等工作，加强对东巴文化开发的规范和管理工作。100 多个民间社会组织也通过多种形式开展了东巴文化的保护传承活动，东巴文化的民间保护传承工作取得了进展。同时，广泛开展了国内外的学术交流和东巴文化展览，扩大了东巴文化的影响力。此外，基于旅游业的发展，东巴文化在产业开发方面也取得了进展，以东巴文化等民族文化为支撑的旅游景区、演艺产业、工艺品/纪念品加工业呈蓬勃发展之势。

5. 对纳西文化的传承与保护

一些旅游企业自发对传统的纳西族语言、民俗、节庆活动、手工艺品、歌舞和文物等进行整理、开发及保护，为纳西文化的传承与保护做出了积极贡献。

三　丽江文化旅游可持续发展存在的问题

旅游开发和文化原真性保护本身就是一对矛盾，两者既可以相互促进，又可以相互削弱，而文化原真性与旅游开发的平衡就是要追求两者共同发展中的双赢。

快速发展的旅游业在给少数民族地区创造就业机会、推动地方经济社会发展、提高地方政府和广大群众对传统文化的保护意识的同时，也加速了民族文化的变迁进程，使得当地居民的思想意识、价值观念发生了巨大变化，甚至导致某些文化特色被大量涌入的外来文化同化甚或消失。

毋庸置疑，近年来，丽江各级政府部门在文化原真性与旅游开发的平衡方面积累了丰富的经验，取得了十分可喜的成绩，但由于种种原因（例如，各级政府职能部门缺乏足够的财政支持、从旅游开发中追逐相关利益的诉求等），民族文化的保护与传承工作仍然面临着许多困难和严峻挑战。

1. 原住民及本土文化"被置换"趋势日趋严重

丽江知名度的不断提高以及旅游业的发展，给纳西族传统文化的保护与传承带来了诸多负面影响：现在古城内约70%的纳西族儿童已不会讲纳西话了；除一些中老年妇女外，年轻人只是在民族节日或迎宾活动等场合才会象征性地穿戴本民族服饰，而更为突出的问题是原住民及本土文化"被置换"趋势日趋严重。在近十年的时间里，为了获取可观的租金收入，丽江的原住民纷纷将房院腾出来出租给外来的商户，古老的、富有纳西族特色的民居被改建为酒吧、客栈，纳西族原住民纷纷搬离古城，取而代之的是外来经商或务工者的大量涌入。随着居民"被置换"而引致的便是古城文化的"断裂"，大量"外来文化"正在置换古城的本土文化和民族文化。长此以往，古城将极有可能仅剩下一具没有任何纳西民族文化内涵的躯壳。①

2. 法律法规的执行力度不够，制度设计尚需完善

对东巴文化的传承与保护，虽然制定了《东巴文化保护条例》，但是无论是宣传力度、民众的保护意识还是执法力度仍远远不够。近几年推出的"一卡通"结算模式，一定程度上缓解了旅游市场的"三角债"问题，有些景区、景点，如白沙壁画、木府等，虽然未纳入"一卡通"套票结算体系，但从文化生态保护的视角看，由于游客人数较少，更有利于对它们的保护，但相应的制度设计必须提上政府职能部门的议事日程，即如何通过利益再分配方式，使未纳入结算体系的文化富集区的经济得以发展，居民得以富裕，使其能保留传统的生产方式和生活方式，以更好地促使文化富集区居民的文化"自醒"，承担起传承民族文化的历史责任，有意识地保护好自身的民族文化。

3. 旅游产品庸俗化和旅游从业人员素质偏低

丽江的旅游纪念品主要为东巴文化工艺品、土布及其制品、民族服饰、皮包等。但作为装饰元素的东巴象形文字 90% 的用法都是错误的，这些所谓的东巴银器、东巴烤鱼、东巴 T 恤、东巴香烟、东巴裹裙等商品上的东巴文字只是利用东巴简易字典字字对应的生硬翻译，这种做法虽然满足了游客的猎奇心理，但是对东巴文化的认知和传播是不严肃和不科学的，是对文化的滥用和伤害。

其他的旅游商品如披肩、民族服饰等很多都不是本地生产的，而是从义乌等地批发转运来的，因为价格便宜，所以销量

---

① 和少英：《民族文化保护与传承的"本体论"问题》，《云南民族大学学报》（哲学社会科学版）2009 年第 2 期。

较好，等等。

而最直接接触游客的导游人员的素质也参差不齐，由于没有统一的导游词和宣传资料，导游对纳西文化和丽江的介绍大多是依靠自己的认识和理解，在讲解的过程中，就可能出现对文化的歪曲或者误读误解等现象。

第五节　小结

本章运用前文所构建的文化旅游可持续性评估体系对云南文化旅游可持续性的整体水平和各指标的可持续性水平进行了评估和分析，基于层次分析法对云南文化旅游可持续性指标的权重进行了研究，并基于访谈获取的资料对丽江文化旅游的发展态势、成功经验及存在问题进行了审视，以期为下文探索丽江乃至西部少数民族地区文化旅游提升发展的对策夯实基础。

本章通过研究，得出的主要结论如下。

（1）云南文化旅游可持续性的整体水平处于中间阶段，但是非常接近潜在可持续发展的阶段。

（2）云南文化旅游可持续性评估的 32 个指标中，有 13 个指标处于可持续发展水平之上，其中经济发展状况和生态系统质量两个维度所涵盖的 8 个指标均处于可持续发展水平之上，其他维度的指标表现参差不齐，揭示了云南旅游发展过程中产业发展和生态环境的基础较好，但民族文化资源的开发和保护仍有待提升。

（3）基于层次分析法对云南文化旅游可持续性评估体系的

研究发现：人文系统中保护政策完善程度、民风民俗的改变、物质文化挖掘与传承、旅游产品、旅游目的地治安状况、旅游从业人员素质、社区参与管理水平和产业基础8个指标对可持续性影响较大，生态系统中的环境保护立法和环境监督管理水平两项指标对可持续性影响较大，因此，文化旅游的提升发展应重点围绕这几个方面展开。

（4）基于对丽江文化旅游发展态势的审视得知，虽然丽江在文化旅游的开发过程中对民族文化资源和文化遗产保护开展了许多有益的探索和尝试，取得了一定的成效，但是丽江在旅游开发中仍存在着原住民及本土文化"被置换"现象日趋严重、法律法规的执行力度不够、制度设计尚需完善、旅游产品庸俗化和旅游从业人员素质偏低等问题，因此，丽江、云南乃至西部少数民族地区文化旅游的提升发展依然任重而道远。

第六章

西部民族地区文化旅游提升发展
对策建议及模式选择

文化资源是西部少数民族地区一种重要的发展资源，将区域文化资源转化为旅游吸引物是发展区域旅游、提升区域形象的重要途径。当前，旅游业在民族地区经济社会发展中的地位日益重要，因此，西部少数民族地区要充分发挥文化旅游在促进经济发展中的作用，这其中，一个亟待思考的重要议题就是文化旅游的可持续性问题，即旅游开发必须是保护性的开发，这是旅游可持续开发的先决条件，既必须保护自然生态，又必须保护文化生态。

前文以云南为例，对云南文化旅游可持续性的评价结果显示，在 32 项影响文化旅游可持续性的指标中，依其影响程度从高到低排序，排名前十位的依次是：（1）保护政策完善程度（13.27%）①；（2）民风民俗的改变（12.92%）；（3）社会发展政策（10.01%）；（4）物质文化挖掘与传承（7.55%）；（5）旅游目

---

① 括号中的数据为权重，以下同。

的地治安状况（6.82%）；（6）修缮资金投入（5.82%）；（6）监督系统（5.82%）；（7）旅游产品（5.39%）；（8）环境保护立法（4.84%）；（9）环境监督管理水平（3.85%）；（10）旅游从业人员素质（2.52%）。在以上影响因素中，除"环境保护立法"和"环境监督管理水平"这两项自然生态系统的影响因素外，其余9项（有2项并列）均属于人文系统的影响因素，可见在文化旅游可持续发展中，文化生态的保护至关重要。

基于此，推进西部少数民族地区文化旅游可持续发展，即助推西部少数民族地区文化旅游的提升发展，应着重在政策、民风民俗等非物质文化遗产保护、物质文化的挖掘与传承、产品质量、社区参与等方面下功夫。

第一节　西部民族地区文化旅游提升发展对策建议

一　在政策制定中必须充分考虑产业开发与文化保护的协调

现阶段，西部少数民族地区旅游业的发展仍处于政府主导型阶段，政府在区域旅游开发中的作用是任何其他组织所无法替代的，旅游业的政策供给对西部民族地区旅游业的发展仍产生着重要的影响。

文化资源（包括文化遗产和文物古迹等）一直是旅游发展中最重要的基础性资源，文化资源的保护与旅游发展应该是相辅相成、相得益彰的。在实践中，一方面，要把做好文化资源保护工作作为首要任务，坚持"保护为主，抢救第一"的方针，强化依法保护，以保护促开发，为开展好文化资源的利用工作奠定必要的基础；另一方面，按市场经济发展的客观要求和运行规律，搞好文化旅游产业的开发，为更好地保护文化资源创造必要的物质条件，以产业开发反哺文化保护。

例如，文化旅游发展较好的丽江市，在旅游开发的过程中，文化保护的政策供给方面的一些做法值得借鉴。

（1）将文化资源纳入法制范畴予以规范、保护和管理。1983 年，丽江旅游业尚处于孕育期时，政府就制定了《丽江县城总体规划》，首次明确了保护古城的战略规划。1986 年 12 月，丽江古城被国务院批准为中国历史文化名城后，政府随即编制了《丽江历史文化名城保护规划》。1994 年 6 月，《云南省丽江历史文化名城保护管理条例》的出台则为中国的古城保护法制建设进行了勇敢的探索。2005 年 12 月，丽江市颁布了修订后的《云南省丽江古城保护条例》，在同年编制的《丽江城市总体规划修编 2004－2020》中，基于对历史文化名城的保护，划分了核心保护区、建设控制带和建筑风貌整治区。

除了对古城的保护之外，丽江市政府和有关部门还意识到民族文化对当地旅游业乃至经济发展的重要作用，于 1999 年开始起草《东巴文化保护条例》，并于 2000 年由原丽江纳西族自治县人民政府颁布了《云南省丽江纳西族自治县东巴文化保护管理条例》，2001 年 6 月，经云南省人民代表大会审议通过并施行，从此，东巴文化的保护纳入法制范畴。

（2）强化属地监管责任，加强对文化保护与传承工作的督促、指导和考评。在立法的同时，丽江市政府加强对文化保护与传承工作的督促、指导和考评，并认真组织了对民族文化强省建设的考评工作，在考评中，丽江成为全省获优秀表彰的 3 个州市之一。同时，通过对全市一区四县文化建设工作的年终考评，有力地促进了市、区（县）两级对文化保护与传承工作的重视和工作的默契程度。

二　加强制度设计，构建对非物质文化遗产的长效保护机制

非物质文化遗产作为西部民族地区优秀传统文化的重要内容和"活"遗产，日益受到各级政府和民众的重视。面对非物质文化遗产传承所面临的困境，西部民族地区政府应着力建设非物质文化遗产传承保护的长效机制，并使其成为广大民众的"文化自觉"。

尽管"保护为主、抢救第一、合理利用、继承发展"已成为文化保护的方针，但在实践中，追求经济效益的倾向依然比较突出。作为旅游开发的主导者，许多地方政府所看重的是如何从文化中获取更多的商业价值，而对文化的社会价值及环境价值重视不够，但是文化有其自身生存、发展的规律，当文化成为一种经济发展手段后，其发展方向必定会发生扭曲。有学者更是质疑"保护下开发"的战略，认为"从民族旅游发展的角度看，所谓'保护下开发'的文化战略实际上是使特定的民族、群体永远成为强势群体的'文化赏玩物'……这意味着剥夺了民族文化的发展权利，意味着弱势文化将永远是强势文化的'附属物'，意味着'可持续发展'是在强、弱'定格'的前提下的可持续发展"[1]。

---

[1]　李伟：《民族旅游地文化变迁与发展研究》，民族出版社，2005，第208页。

基于上述认知，西部少数民族地区各级政府要大力推进非物质文化遗产整体性保护，进一步规范和推进文化生态保护区建设；积极引导非物质文化遗产生产性保护，促进传统技艺的传承、利用和发展；加强制度设计，构建非物质文化遗产保护的政策法规体系，以建立和完善民族文化的自我更新和自我传承机制；加强对传承人的保护，逐步建立起长效传承机制。

前文对云南文化旅游可持续性的评价结果显示：民族文化和民俗民风的保护（非物质文化遗产的保护）对文化旅游的可持续性有重要影响，丽江市在这方面有一些成功的做法和经验值得借鉴。

1. 政府层面：设立专项资金，加大对重点项目的扶持力度

（1）1998 年，原丽江县人民政府决定将大东、大具、鸣音、鲁甸、塔城、太安 6 个乡列为东巴文化生态乡，并给予政策和资金上的支持。明确要求上述东巴文化原始生态区要高度重视东巴文化自然传承的引导和扶持工作，丽江东巴文化学校招生时要向东巴文化生态乡倾斜。通过多年的保护工作，东巴文化生态乡已成为东巴文化保存较好、群众意识较强的乡镇，除鸣音乡之外，目前其他 5 个乡都设有民间东巴文化传承机构。

（2）依托丽江东巴文化研究院开设东巴文化传承班。从 2000 年开始，在美国大自然保护协会、福特基金会等资助下，基于老东巴传授与研究人员辅导相结合，在研究院学习和民间学习相结合，培养了 8 个不同年龄段的东巴传人，并派学者外出到原丽江县各传承点教学。

（3）出资创办丽江东巴文化学校。1995 年 2 月，经原丽江县委批准，由丽江东巴文化博物馆创办了丽江东巴文化学校。

学校编撰了东巴文化教材，由云南人民出版社公开发行，在学校和民间作为正式的教材使用，先后开办了 10 期培训班，开设了纳西象形文字、东巴古籍、东巴仪式、东巴工艺、东巴舞蹈、纳西族史、东巴文化概论等课程，并对东巴文化生态乡的传承工作和丽江境内各传承点给予大力支持、资助和业务指导。

（4）对于充分反映纳西民族风情、在丽江拍摄的民族历史电视连续剧《木府风云》，丽江市政府给予了大力支持。该剧先后在中央电视台 8 频道和 1 频道黄金时段热播，平均收视率达 3%，单集收视率最高达 3.56%，在第九届"全国十佳电视片"表彰大会上获得全国优秀电视剧奖。该剧播出之后，作为纳西族历史文化遗迹的古城旅游景区——木府，从游客量到门票收入都有了较大辐度的提升。

2. 社会层面：多方借力，传承保护东巴文化

（1）丽江东巴文化传习院的创办。丽江东巴文化传习院由纳西族著名学者郭大烈和夫人黄琳娜于 1999 年创办，主要实施的项目有以下两个。

①将丽江黄山小学作为传承示范点，让孩子们学习东巴文、东巴舞蹈和东巴唱腔，将东巴文化教学推广到中小学教育中。经过 8 年多的实践，传承工作取得了初步成效，已有 4 个班 120 人毕业。

②推广纳西母语教育，为丽江市古城区、玉龙县培训中小学民族文化教师 88 人，还编印和出版了教材，目前正在制作用于东巴文化传承和纳西母语推广的光碟。

（2）丽江纳西文化研习馆的成立。研习馆由东巴文化研究院的和力民先生于 1998 年 6 月组织成立，招收有志于学习东巴文化的纳西族青年，在古城区金山乡贵峰三元村设点教学，传授纳西族东巴文、东巴经、东巴绘画、东巴诵唱、东巴舞蹈和东巴仪规知识，并恢复了祭天习俗。编印、出版了东巴文化教材《通俗东巴文》。

（3）多方办学，弘扬纳西文化。受美籍纳西企业家娄杨丹桂等的资助，丽江市第一中学设立了东巴文化教学高中班。云南民族大学民族文化学院自 2002 年与丽江市东巴文化研究院合作，开始招收东巴文化本科班。西南大学古文献研究所与丽江市东巴文化研究院合作，设立了东巴文化硕士点。丽江高等师范专科学校于 2008 年开始举办东巴文化培训班。

3. 企业层面：文化传承保护与企业发展的良性互动

（1）玉水寨生态文化旅游有限公司自 1997 年成立以来，坚持走东巴文化传承保护同旅游景区建设相结合的文化旅游发展之路，实施的主要项目有以下 4 个。

①建立了东巴文化传承基地。传承基地购置《东巴古籍文献 100 卷全集》为基本教材，招收爱好东巴文化的青年学习东巴文化，并给予学员以员工待遇，先后在玉水寨接受过东巴文化学习培训一年以上的学员达 30 余人。

②成立丽江市纳西东巴文化传承协会，实施曙明原生态东巴文化保护工程，组建保护区管理委员会，制定了以保护生态环境，保护东巴民俗，保护传统民风为内容的村规民约，采取了保护重大习俗、恢复祭天仪式等一系列措施。

③2005 年，将东巴什罗殿扩建为玉水缘大殿，殿内供奉东巴什罗、崇仁利恩、三朵神、自然神等铜质塑像，是当今纳西族本土宗教的第一座大型神殿，并与东巴壁画、东巴文物展厅、

东巴教学室等组合成为东巴文化传承院——"和合院",成为纳西族聚居区开展东巴文化传承和展示的基地性建筑设施。

④2006年8月,玉水寨被文化部下属的中国民间文艺家协会授予"东巴文化传承基地"称号。同年8~12月,玉水寨投资10万元,发起并成功举办了丽江市首届东巴文化保护知识竞赛活动,大力宣传《国务院关于文化遗产保护的通知》和《云南省纳西族东巴文化保护条例》,受到市级领导机关和社会各界的一致好评。

(2)丽江文化产业开发有限公司于2007年开发了"纳西喜院"这一民族婚俗游项目。"纳西喜院"的活动持续3个小时,每人收费200元,通过对纳西婚礼的体验,让游客以低廉的消费感知纳西文化。公司除了推出纳西婚俗、民俗游的项目外,还推出文化礼品——影像丽江,把近年来以丽江为外景地所拍摄的影视剧(包括《木府风云》《一米阳光》《千里走单骑》等)进行整理包装,让更多的人认知丽江。

三 保护与开发结合, 加强物质文化遗产的挖掘和传承

文化遗产、文物古迹等物质文化遗产的挖掘和传承,只有坚持保护和开发有机结合的原则,才能充满生机活力,才能富有强大的生命力。在旅游业的发展中,如何消除文化旅游资源闲置、浪费的现象,亟待西部民族地区各级党委、政府认真思考。

在这方面,基于文化旅游品牌的打造,丽江市有计划、有步骤地集政府和社会各界之力,加强对区域内重点文化遗产及

文物古迹的保护开发，塑造了一批精品工程和景区景点，带动全市文化旅游产业的发展壮大，使之成为丽江的重点支柱产业，同时也让丽江辉煌灿烂的历史文化、民族文化进一步发扬光大。

（1）丽江东巴文化研究院成立于1981年，自成立以来，在东巴典籍的抢救、整理和传承方面取得了可喜的成果，已经整理、翻译东巴经1300余册。经过分类，剔除重本，汇编成原文、记音、对译、意译"四对照"的百卷《纳西东巴古籍译注全集》，作为国家"九五"重点图书，已经陆续于1999年至2000年正式出版，并荣获第五届国家图书奖。1993年，编辑出版的《东巴文化艺术》画册，获第七届中国图书奖。2003年，由东巴文化研究所（注：东巴文化研究院的前身）编纂完成和出版了《中国少数民族古籍总目提要·纳西族分卷》。2003年，编撰出版了《中国西南文献丛书·纳西族分卷》。经过2000年到2003年的艰苦努力，由研究院收藏管理的897种东巴古籍文献，被联合国教科文组织世界记忆工程咨询委员会批准列入《世界记忆遗产名录》。在整理纳西东巴古籍文献的过程中，东巴文化研究所还编印了《东巴经专有名词汉译规范》《东巴经分类目录》《纳西东巴经选译》《纳西东巴古籍译注》《滇川纳西族地区民俗和宗教调查》等一系列图书资料。

此外，丽江东巴文化研究院与其他单位合作，摄制了8种东巴教仪式录像资料和45盘东巴诵经录音资料。在抢救和整理东巴文化典籍的基础上，1998～2003年，研究人员编著出版了《东巴象形文异写字汇编》《东巴经典名句欣赏》《异域之神的乐土》《纳西族与东巴文化》《纳西族东巴文字画》《东巴艺术》《纳西象形文字字帖》《东巴文化研究所论文选集》《东巴文化论》等东巴文化工具书性质的学术著作，为对东巴文化进行深入研究夯实了基础。

目前，经多方努力，美国哈佛大学燕京学社同意将哈佛馆藏东巴古籍的全部扫描件提供给中国，由中国社会科学院牵头、由积累了 20 多年整理翻译东巴古籍经验和资料的丽江市东巴文化研究院对哈佛燕京学社收藏的东巴古籍进行翻译，此举开创了东巴古籍的国际合作，但这种一对一的方式仍然难以形成国际范围内各收藏机构合作共享的格局。

（2）丽江东巴谷景区以其富有浓郁地方特色的民族文化切入旅游业，致力于民族文化的开发和保护，通过收集和整理各少数民族特有的工具、用具、器皿、语言、文字、歌舞等，开发、展示少数民族特有的民风、民俗及节庆活动，发现和挖掘民间匠人、艺人，从而不断丰富、提升景区的文化内涵。

（3）对广大游客而言，文化传承活动本身就是展演。玉水寨景区建成了一个东巴文物展览厅，把多年搜集来的东巴文物展示出来，供游客参观。展览厅中，有展示古老造纸法的东巴纸造纸坊，有展示古老酿酒法的东巴酒酿酒坊，有展示古老织布法的织布机，有大量传统生产生活用品的展示等。

四 推进标准化工作，提高文化旅游产品质量和服务水平

标准是管理的制度基础。国家旅游局于 2010 年 3 月开始启动的旅游标准化试点工作，旨在充分发挥标准化工作在提高旅游产品质量和服务水平中的作用，推动旅游标准的应用和普及，促进旅游品牌的培育。2012 年 3 月 26 日，在武汉召开的全国旅

游标准化工作会议上，四川省被授予全国旅游标准化示范省，青岛市、苏州市、咸宁市、丽江市被授予全国旅游标准化示范城市，上海市徐汇区被授予全国旅游标准化示范区，北京延庆县、浙江遂昌县、江西婺源县、河南淮阳县、广西阳朔县被授予全国旅游标准化示范县，另有57家旅游企业被授予全国旅游标准化示范单位。其中，河南省焦作市修武县云台山风景名胜区管理局的经验值得借鉴。

为进一步规范旅游服务标准，云台山管理局从细节入手，从游客身边的一点一滴入手，制定了包括服务基础标准、服务质量标准、服务管理标准、职业资质标准、服务提供能力标准、服务安全卫生标准、服务环境保护标准、服务流程标准、岗位标准在内的《云台山风景名胜区标准化服务体系》，包含了三大体系19个子体系650多个标准，全面覆盖景区各个岗位。该体系是目前国内唯一的景区服务标准体系，它全面规范了景区员工的服务操作流程，使景区旅游服务从简单粗放逐步走向规范有序。

标准化建设有效促进了云台山景区的发展，游客人数和门票收入连年递增。2011年，景区接待游客480万人次，实现门票收入3.7亿元，同比分别增长了26.3%和25.7%，是2000年的24倍和93倍，实现财税收入1.08亿元，是河南省纳税百强企业中唯一一家旅游企业。①

目前，焦作市旅游局正在致力于把云台山景区的一些服务标准上升为国家标准，同时也要将云台山数字化景区规范上升

---

① 《旅游标准化　助推焦作文化旅游服务质量提升》［EB/OL］，http：//qualitytourism. cnta. gov. cn/NewsDetail. aspx？newsID = bda10130 - ea63 - 471a - bb9b - 1611bb08f02b，2012 - 11 - 04。

为国家标准，并积极争取把青天河等景区打造成全国旅游服务的标准化示范景区，借标准化之力，助推焦作文化旅游服务质量的大提升。

西部少数民族地区中，丽江成为唯一一个入围"全国首批旅游标准化示范城市"的地区，丽江的经验是在具体工作中，坚持政府推动与企业主导相结合，重点突破与全面推进相结合，软件提升与硬件提高相结合，国家标准、行业标准和地方标准、企业标准相结合的原则，致力于做好以下五方面的工作：重点抓好旅游标准化体系建设；重点加强旅游服务质量管理；重点完善城市旅游服务功能；重点构建高品质的旅游产品体系；重点搞好旅游标准的推广实施。

我们以构建高品质的旅游产品体系为例，来审视丽江旅游标准化建设工作。秉承建设国际精品旅游胜地的目标，依托丽江旅游资源优势，坚持以自然为本、特色为根、文化为魂、市场为导向的原则，以旅游标准化试点工作为契机，丽江市不断完善旅游产品结构，努力创建一批实施标准化管理具有地方特色的品牌旅游企业。

（1）在旅游休闲方面，以挖掘文化内涵增加参与性、体验性内容为重点，更加注重游客放松心情、休闲度假的需求。在对现有旅游产品进行深度开发的基础上，组织专门力量策划和设计既能体现"你的梦，在丽江"的主题形象，又具有设计理念新颖、吸引力强、价格合理、服务优质等特点的休闲度假产品。积极开发文化休闲、回归自然休闲、康体休闲、乡村生态休闲、身心休闲等旅游度假产品，努力转变旅游发展方式以满足游客多样性、多层次的需求，激发旅游消费热情。

（2）在旅游餐饮方面，以《云南省人民政府关于促进餐饮业发展的意见》为指导，深入挖掘整理传统饮食文化，积极引导开发丽江特色饮食。重点建设了一批特色突出、管理规范、具有发展潜力的餐饮企业。

（3）在旅游购物方面，进一步加大了市场监管力度，努力开发出一系列能够反映丽江地域特征、民族特色和文化特质的旅游商品，改变丽江本土旅游商品不足、竞争力弱的局面。积极探索旅游商品连锁经营模式，通过品牌化、规模化经营降低旅游商品的营销成本，提升丽江旅游商品整体营销竞争力。

在企业层面上，各旅游企业积极致力于旅游产品质量和服务水平的提升，取得了一些成功的经验，但仍存在不足与缺憾，此处仅以玉水寨、"丽水金沙"、东巴文字工艺品等为例加以阐释。

（1）玉水寨景区的特色是将景区建设与纳西文化的展示和传承有机地结合起来，主要表现在将纳西文化的展示作为旅游吸引物，其展示内容涵盖东巴教祭祀活动、东巴文字、东巴经书、东巴舞蹈、东巴绘画、东巴文物、纳西古乐及传统音乐舞蹈、东巴造纸、东巴酿酒等传统工艺、民俗等，这些展示活动从不同侧面反映了纳西族传统文化的内涵，较好地满足了游客文化旅游的需求。

（2）"丽水金沙"是一台旅游歌舞晚会，以舞蹈诗画的形式，荟萃了丽江奇山异水孕育的独特的滇西北高原民族文化气象、亘古艳丽的古纳西王国的文化宝藏，择取了丽江各民族最具代表性的文化意象，全方位地展现了丽江独特而博大的民族文化和民族精神。观众通过对晚会的观赏，将舞蹈语汇与丽江旅行感悟相结合，再与当地文化相互印证，获得了一种美妙的身心享受。

（3）东巴文字具有象形的特点，其书写的过程自然具有了一种艺术性。丽江古城内随处可见东巴文字的书法作品，有用传统的竹笔、木笔书写的，也有用毛笔书写的。人们在开发利用东巴文字的过程中，由于对东巴文字的认知不到位而损害了其真实性和客观性，开发的只是表层文化，许多所谓的工艺品、美术品、纪念品都在滥用东巴文字。

游客们流连于当地众多的东巴文化商业活动中：东巴文化的主题酒吧、东巴仪式表演、东巴经文书写、利用东巴文字进行各种商业艺术创作等，而与东巴文化的商业开发相比，各级政府对保护和研究东巴文化的投入相对较少。各种商业开发能聚集大批资金，而真正对传承、研究、保护东巴文化有利的项目却很难吸引到资金，只能靠一些非政府组织提供部分启动资金。此外，政府应尽快授权相关部门启动从事与东巴文字相关行业的文化准入资格认证工作，以更好地传承和保护东巴文化。

（4）丽江的银器店很多，其实丽江是不产银的。丽江的银器大多是藏银，藏银其实就是一种含银成分比较低的银，但现在市场上的藏银，几乎不含银，都是用白铜合金制作的，更差的则连白铜含量都没有，纯粹是用锡铝合金做的，表面很容易氧化变暗，但是稍加擦拭去掉氧化层就变得发亮了，于是，便美其名曰为越用越亮的藏银了。大部分貌似工匠者来自沿海，而叮叮当当地伏案于设备前的制作过程也是在作秀。

（5）各类各色披肩是丽江旅游购物的主打商品，但古城里面的披肩，几乎已经没有民族手工披肩了，古城销售的披肩几乎都是由沿海地区的工厂批量化生产的，只是在披肩上有几个东巴象形文字而已，旅游纪念品正在失去当地民族文化的特质。

五　重视社区参与文化旅游，实现社会文化层面的可持续

随着文化旅游的快速发展，社会各界日益关注旅游发展过程中社区平等参与、民主决策、利益分配等方面的问题。旅游地居民作为社区的主体，要求参与旅游开发与管理决策、公平分享旅游收益以及公平分担旅游的负面影响等诉求，正日益受到社会的广泛重视。

在民族地区文化旅游开发中，要想实现文化资源的有效保护，必须借助旅游地居民的力量，没有他们有效参与的文化保护不可能取得良好的效果。有效参与从旅游开发之初便应该展开，并应从政策制定到具体开发过程中始终关注社区居民的利益。有效参与是主动参与，而非缺乏知情权、力量弱小的被动参与。主动参与有以下几个显著特征：（1）尊重当地居民对文化的判断和对文化自由选择的权利；（2）增强旅游地居民的参与意识。参与意识主要表现为对民族身份的认同、对民族文化的自觉，认为自己有权利、有能力去设计社区及民族文化的未来；（3）参与不仅是民族旅游地少数精英的参与，而更是普通民众的参与。通过旅游开发，地方精英开始重新看待自己的民族文化，有意识地展示文化、创造文化，愿意代表社区与政府和开发商进行协商，但如果没有广泛的民众基础，这种协商后的方案也是无法具体落实的。① 因此，重视社区参与文化旅游，

---

① 向晶：《旅游开发背景下的民族文化保护研究》，硕士学位论文，湖北民族学院，2011。

是实现西部民族地区文化旅游在社会文化层面可持续性的关键。

在旅游开发中关注各利益群体的诉求，让旅游地居民参与到文化旅游的开发中，使当地居民获得更公平的利益分配，是文化旅游可持续性的一个重要考量指标。旅游业作为富民产业，其发展是否成功的一个重要衡量标准就是能否带动当地居民致富，因此，旅游发展必须关注社区参与以及带动社区发展。围绕文化旅游产业链的延伸和旅游产业重点项目的实施，当地居民（大多是农民）通过到景区、到旅游企业就业，作为群众演员参与文化旅游演出，或开办农家乐，或提供旅游交通运输服务，或通过土地流转获得出租收益，或基于新园区、旅游小镇的建设成为市民。① 基于文化旅游的开发，以上述五维转换促进农民升级，即从农民转换为产业工人、从农民转换为演员、从农民转换为老板、从农民转换为业主、从农民转换为市民。综上，强调让社区参与到文化旅游的开发中，对于少数民族文化传承、偏远地区扶贫、旅游带动就业等问题都具有重大现实意义。

前文对云南文化旅游可持续性的评估结果显示：社区参与的程度对文化旅游的可持续性有重要影响，丽江市在这方面有一些教训和经验值得总结。

1997 年 12 月 4 日，丽江古城被列入世界文化遗产，与雅典、罗马、威尼斯等伟大城市相比肩。丽江古城被列入世界文化遗产后，丽江旅游业快速升温，丽江成为世人向往的世外桃源、海内外知名的旅游城市。2008 年 1 月，丽江古城被指责过

---

① 《让居民参与旅游业发展 实现社会文化层面可持续发展》［EB/OL］，http：//roll. so-hu. com/20120727/n349198286. shtml，2012 - 07 - 27。

度商业化、原住民流失、面临文化缺失、一些景观已没有本地特点等。联合国派出检查组，丽江面临亮"黄牌"之忧。

面对上述隐忧，当地政府也做了种种努力和尝试。例如，古城管理局不允许玉石、现代服装、桑拿按摩等行业进入古城经营，并规定每个铺面只能挂一个招牌；政府出台了包括给予生活补助、免费修缮房屋、提供出行便利等政策鼓励原住民留在古城，但都难以比拟出租房屋获得的丰厚报酬，原住民仍不断地迁出古城；针对酒吧一条街的喧嚣，规定每天 23：30 后，严禁演奏和歌唱。为了保护社区利益，规定只有本地人才能申请丽江的出租车准驾证等。

诚然，民族文化的保护并不是要将文化固化，多元化的文化是不断发展的结果，因此，对民族文化的保护强调的是对其发展的保护。"文化本身是一个发展的概念，是适应人们的需要存在、变迁的。不可能为了所谓'原汁原味''本真性'，甚至在所谓的'保护'名义下，要求人们生活中活生生的一部分文化静止、凝固。"[1]

第二节　西部民族地区文化旅游可持续开发模式

西部少数民族地区有着丰富的生态资源和民族文化资源，而其中的人文旅游资源往往是以城镇和村镇等形式进行展示的。面对如此丰富的自然资源和文化资源，西部各地都看好旅游开

---

[1]　宗晓莲：《旅游开发与文化变迁——以云南省丽江县纳西族文化为例》，中国旅游出版社，2006，第 207 页。

发。然而，由于一些地方急功近利，一哄而上，既无规划，又疏于管理和监测，西部不少地区处于各自为政的状态，自然生态和文化生态正受到威胁，西部旅游生态环境质量呈现恶化的趋势，这是西部旅游可持续发展的一大隐患。基于此，寻求旅游开发与文化保护协同发展的旅游开发模式势在必行。立足前文对西部少数民族地区文化旅游提升发展的对策建议，此处选取古村镇遗产地的三种典型开发模式［即生态博物馆模式、前台—帷幕—后台模式和双城（村）模式］进行探讨，以期为西部少数民族地区文化旅游地的可持续开发提供模式借鉴。

一 生态博物馆模式

1971 年，第九次国际博物馆会议提出了生态博物馆的概念，随后诞生了以法国克勒索蒙特索矿区生态博物馆为代表的第一批生态博物馆。生态博物馆是在原来的地理、社会和文化条件下保存和介绍人类群体生存状态的博物馆，是一种以村寨社区为单位，没有围墙的"活体博物馆"，其"生态"的含义既包括自然生态，也包括人文生态，它强调保护和保存文化遗产的真实性、完整性和原生性。

最早提出生态博物馆概念的法国人弗朗索瓦·于贝尔和乔治·亨利·里维埃，他们对生态博物馆的定义是：生态博物馆是由公共权力机构和当地人民共同设想、共同修建、共同经营管理的一种工具。这一概念强调了社区居民参与到民族文化保护中的重要性，他们既是参与者，又是受益者。

目前，全世界的生态博物馆已发展到 300 多座，我国已有 7

座，其中，贵州 4 座——梭嘎苗族生态博物馆、镇山布依族生态博物馆、隆里古城汉族生态博物馆、堂安侗族生态博物馆；广西 2 座——南丹里湖白裤瑶生态博物馆、三江侗族生态博物馆；内蒙古 1 座——敖伦苏木蒙古族生态博物馆。

生态博物馆所要解决的问题是如何在工业化和城市化的进程中，保存在农业社会中长期发展形成的民族文化和区域文化，更长远来看是如何在这个日益全球化和商业化的世界上保持文化的多样性。它不同于原先的民俗博物馆、民族文化村等形式，实现了保护和开发民族文化的双重目标。①

以我国第一个生态博物馆——贵州梭嘎苗族生态博物馆为例，梭嘎长角社区有着丰富的民族文化资源，是一个完整的生态博物馆。1995 年，中国和挪威两国政府联合建立梭嘎苗族生态博物馆时，在村寨中的环境实物和活态文化景观的基础上兴建了一个资料中心，该资料中心是博物馆的信息库，它记录和储存着本社区的文化信息，如通过录音记录下当地的口碑历史，存放相关的文字资料，展示具有特殊意义的实物，提供文化遗产登记清单等；通过陈列展览向观众介绍即将参观的文化景观的基本情况，并就如何理解和尊重当地居民的文化对观众和游客提出行为要求，介绍关于此种社区景观的观赏方法等，这些都可以通过视听媒介的综合介绍来完成。② 此外，诸如梭嘎苗族特有的头饰——牛角头饰等民俗，在民俗调查中，已经将这种风俗用视频保存了下来，供后人参考。梭嘎苗族生态博物馆的

① 余青、吴必虎：《生态博物馆：一种民族文化持续旅游发展模式》，《人文地理》2001 年第 6 期。
② 刘沛林、Abby Liu、Geoff Wall：《生态博物馆理念及其在少数民族社区景观保护中的作用——以贵州梭嘎生态博物馆为例》，《长江流域资源与环境》2005 年第 2 期。

建设，一方面加强了外地游客对当地民族文化的认知，有利于民族文化的传播和保护；另一方面，游客的到来带来了巨大的旅游收入，改善了当地的经济状况。

生态博物馆模式多适用于少数民族聚居地，由于其独特的民族文化资源等使其较为适宜"博物馆"的展示开发模式，这一模式是在强调对民族文化保护和展示的基础上，进行适度的旅游开发。但是，这种模式的弊端在于旅游活动干扰了当地居民的传统生活。如果开展旅游活动，那么村寨社区原住民的生产生活就不可避免地要受到干扰，思维方式也会发生变化，诸如为了追求更舒适的生活而改变传统的耕作模式等，因此，生态博物馆旅游开发模式需要考虑当地社区的环境承载量，以界定保护和开发的内容。此外，在西部少数民族生态博物馆所在地区发展文化旅游，建立起"表征民族化，设施现代化"的保护发展模式，不失为一种选择。

西部民族五省区中的广西壮族自治区和内蒙古自治区已经建立起了具有各自特色的生态博物馆，使其具有重要价值的少数民族文化得以保存。生态博物馆模式主要适用于聚居的、濒临灭绝的、生态环境脆弱的少数民族村寨，这种模式同样可以为新疆喀纳斯禾木图瓦村的保护提供借鉴。

新疆喀纳斯是图瓦人在我国唯一的聚居地，人口约2000，由于人口稀少，生活相对封闭，图瓦人存在与外族通婚的现象，导致人口素质和数量急剧下降。另外，哈萨克族杂居，民族同化现象日趋严重[1]，因此，对图瓦人及其民族文化的保护就显得

---

① 刘旭玲、杨兆萍、谢婷：《生态博物馆理念在民族文化旅游地开发中的应用——以喀纳斯禾木图瓦村为例》，《干旱区地理》2005年第3期。

尤为迫切。

喀纳斯乡的禾木图瓦村是目前图瓦人聚居区中保存最完整、最优美和最原始的村落，作为图瓦人标志的小木屋和雪峰、森林、草地与牧群构成了独特的自然与民族文化景观。目前，通往禾木图瓦村的道路尚未修通，旅游资源还未正式开发，只有少数个体经营者为游客提供简单的食宿，而由于没有统一的规划和管理，原始村落的完整性不断受到破坏；同时，由于受到外来文化的冲击和影响，图瓦文化和生活习俗面临逐渐消亡的威胁。[①] 下一步，应积极引入生态博物馆的理念，保存图瓦村原生态文化，保护民族民间艺人，培养文化传承人，并推动图瓦人部落的经济和社会发展，对图瓦村的可持续发展将具有深远的意义。

二　"前台—帷幕—后台" 开发模式

"前台—后台" 理论最初是由美国社会人类学家马康纳将社会学家戈夫曼的"拟剧论" 大胆地演绎到研究旅游活动、研究旅游与"现代性" 的关系。[②] 杨振之则将"前台—后台" 理论发展为"前台—帷幕—后台" 理论，"前台" 是指旅游地社区居民展示、表演的空间；"帷幕" 是前台与后台之间的一个"缓冲区"，它是前台与后台的过渡空间，使前台与后台分割开，封闭了后台，使后台更加神秘，同时也保护了后台；"后台" 使游

---

① 刘旭玲、杨兆萍、谢婷：《生态博物馆理念在民族文化旅游地开发中的应用——以喀纳斯禾木图瓦村为例》，《干旱区地理》2005 年第 3 期。

② MacCannell Dean，"Staged Authenticity：Arrangements of Social Space in Tourism Settings，" *American Journal of Sociology*，1973，79（3）：589 – 603.

客融入社区中，在凝视和融入中，发现民族文化的真正价值①，前台、帷幕、后台三者之间的关系如图6－1所示。"前台—帷幕—后台"的开发模式可以实现利益的再分配，通过前台的收入来补偿后台的经济损失，同时又达到了保护民族文化的目的，实现了旅游开发与文化保护的平衡。

在运用该模式时，要对旅游地进行统一的规划和管理，确定核心的文化保护区、文化过渡区以及文化实验区。此外，对于处在不同行政区域的旅游地应统一协调管理。

以贵州西江千户苗寨为例，西江四面环山，除了核心景区的居民，大部分居民住在山上，有些居民住在后山，较为偏远，旅游进入性较差，几乎没有游客光顾。基于"前台—帷幕—后台"的理论，西江核心景区、山上、后山可分别理解为"前台"、"帷幕"和"后台"。在西江旅游开发过程中，通过对核心景区大规模的投资和开发，使其具备接待大量游客的能力，从而带动当地经济的发展，提高社区居民的收入；由于核心景区空间有限，大部分居民住在山上，山上仍保留着传统农业，基础设施亦较完善，通过开办农家乐，吸引体力较好的游客上山参观游览苗族吊脚楼建筑、欣赏自然景观、享用苗族餐饮等；山区特殊的地形将核心景区与后山分割开，是二者之间的一个文化过渡空间。西江后山地理位置偏远，增加了游客进入的障碍，后山尚未参与旅游经营活动，依然以农耕为主，保留了大量的原生态文化。通过当地政府的统一规划与协调，用"前台"的旅游收入补偿"帷幕"及"后台"因保护文化而损失的机会

---

① 杨振之：《前台、帷幕、后台——民族文化保护与旅游开发的新模式探索》，《民族研究》2006年第2期。

成本，既可以发展当地的经济，又保护了当地的民族文化。①

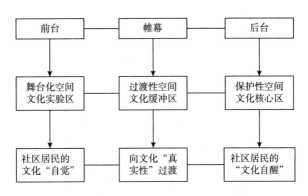

图 6 - 1　"前台—帷幕—后台"模式示意

资料来源：杨振之著《前台、帷幕、后台——民族文化保护与旅游开发的新模式探索》，《民族研究》2006 年第 2 期，第 42 页。

　　基于"前台—帷幕—后台"模式考量丽江旅游业，学界建议可按以下思路来规划和开发：大研古镇为前台，束河古镇为帷幕，白沙古镇为后台。前台的大研古镇是反映纳西民族文化的舞台空间，游客可以在此体验独特的民族风情，同时这里也是旅游经济发展的主要区域；束河古镇是纳西民族文化的过渡空间，因此应该对游客的数量加以控制，禁止过度商业化开发的行为，使其能够起到屏障作用；白沙古镇则是后台的保护空间，应该根据环境容量严格控制游客进入，并对进入的游客实施严格的管理，以保持纳西文化的原真性。在此模式下，大研古镇获得的直接旅游收入以适当的方式补偿束河古镇和白沙古镇为保护文化遗产而产生的机会成本，这样才能够切实解决民族文化保护与旅游开发之间难以调和的矛盾冲突。②

---

①　杨洋：《基于前、后台理论的民族文化开发与保护模式探索——以贵州西江千户苗寨为例》，《甘肃联合大学学报》（社会科学版）2012 年第 5 期。

②　杨振之：《前台、帷幕、后台——民族文化保护与旅游开发的新模式探索》，《民族研究》2006 年第 2 期。

三 双城（村）模式

20 世纪 80 年代初，学界提出"保护古城镇、开辟新区"的规划设想，并促使其成功实践，保护了平遥古城和周庄古镇。平遥古城在这一设想的规划指导下，成功申报了世界文化遗产，从而证明了双城保护模式的现实指导意义。[①] 基于此，后来提出的"辟新区，保旧城；复风貌，保古城"的保护思想是对双城模式的弘扬。[②]

"双城（村）模式"是基于平遥古城的成功经验，在保护旧城区（村）的基础上，建立新城区（村）。基于文化保护与旅游开发并举的初衷，双城（村）模式为民族古村落实现可持续发展提供了一条路径。

在运用双城（村）模式时，要注意新城区（村）的开发是否有足够的空间，还要注意开辟新区（村）与老区（村）之间文化的传承关系。以新疆吐峪沟麻扎村的保护开发为例，首先，对麻扎村老村实行划区保护，由历史、文物专家根据麻扎村的现状划定历史文化保护区、缓冲区和旅游活动区，这样做是基于两方面的考虑：一方面，对麻扎村所在的文化保护区实行原封不动的保护，但不绝对排斥对个别景点的合理修葺；另一方面，在旅游活动区及其外围选址，仿照麻扎村的整体布局、建筑风格与样式，采用当地建材与工艺，建设一个麻扎新村。此

[①] 李欣华、杨兆萍、刘旭玲：《历史文化名村的旅游保护与开发模式研究——以吐鲁番吐峪沟麻扎村为例》，《干旱区地理》2006 年第 2 期。

[②] 周秋巧：《论桃渚古城堡的保护性旅游开发》，《上饶师范学院学报》2004 年第 3 期。

外，在麻扎新村的建设中，最大限度地保证了新村与老村的文化承袭性。综上，一脉相承的文化、与老村毗邻的位置和新颖完整的景观使新村具备较高的旅游价值，老村和新村实现了历史文化保护区和旅游项目开发区的不同职能分工与空间布局。①

双城（村）模式对西藏自治区首府拉萨市的旅游开发具有一定的指导意义。拉萨市距今已有 1300 多年的历史，是国务院首批公布的 24 个历史文化名城之一。2009 年通过的《拉萨市城市总体规划（2009—2020）》基于"保老城、建新城"的原则，划定了老城区（包括历史文化街区）和新城区的范围，明确了拉萨中心城区"东延西扩南跨、一城两岸三区"的空间结构。拉萨老城区至今仍保留着完整的历史街巷布局、大量的文物古迹和传统民居，具有浓厚的传统商业、传统居住及宗教氛围。"东延西扩南跨"是指贯彻实施"东延西扩、跨河发展"的城市空间发展战略，分别在主城东侧、西侧、南侧建设东城新区、东嘎新区和柳吾新区，疏散旧城功能。其中，老城区定位为以传统文化观光、民俗宗教体验、特色休闲商业等为主要功能的城市遗产游憩旅游区，减少居住和普通商业功能，最终使老城区成为旅游者的聚居场所；新城区则重点建设现代化的居住社区和完善的商务网络以体现拉萨的现代风貌，缓解主城发展的压力。② 这种"保老城、建新城"的开发模式（如图 6-2 所示）有利于老城区的经济发展和民族文化的保护，但是在开发过程中仍须注意，文化旅游地的旅游资源不仅包括文物古迹、建筑物等

---

① 李欣华、杨兆萍、刘旭玲：《历史文化名村的旅游保护与开发模式研究——以吐鲁番吐峪沟麻扎村为例》，《干旱区地理》2006 年第 2 期。

② 胡海燕、图登克珠、次仁德吉：《基于功能演变视角的历史文化街区保护与发展研究——以拉萨老城区为例》，《西藏大学学报》（社会科学版）2010 年第 3 期。

物质资源，还包括居民的共同价值观念、生活方式、组织结构、人际关系等无形资源，而这些无形的文化资源同样是少数民族地区重要的旅游吸引物，因此，在"保老城、建新城"式的开发过程中更要重视"老城区空心化"的问题，只有留住原住民，才能延续老城区的原真性，真正实现文化旅游的可持续发展。

生态博物馆模式、"前台—帷幕—后台"模式及双城（村）模式的成功实践表明：基于上述思路实施旅游开发的地区，既通过旅游开发改善了当地的经济状况，又保护了当地的文化生态和自然生态，是可持续发展的旅游开发模式。

图 6 – 2　拉萨市区总体规划（1995～2015）示意

第三节　小结

基于对西部少数民族地区文化旅游可持续性影响因素的认知，本章从政策、民风民俗等非物质文化遗产保护、物质文化遗产的挖掘与传承、旅游产品质量、社区参与等方面着手，探讨了助推西部民族地区文化旅游提升发展的对策，包括：在政策制定中应充分考虑产业开发与文化保护的协调；加强制度设计，构建对非物质文化遗产的长效保护机制；保护与开发相结合，加强物质文化遗产的挖掘与传承；推进标准化工作，切实提高文化旅游产品质量和服务水平；重视社区参与文化旅游，实现社会文化层面的可持续发展等。

西部少数民族地区具有丰富的生态资源和民族文化资源，而其中的人文旅游资源往往是以城镇和村镇等形式进行展示的，生态博物馆模式、前台—帷幕—后台模式和双城（村）模式作为古村镇遗产地的典型开发模式，在理论前沿、实践探索和经验汇集方面均取得了较大的进展。

（1）生态博物馆模式多适用于少数民族聚居地，该模式是在强调对民族文化保护和展示的基础上，进行适度的旅游开发，但是，其弊端在于旅游活动干扰了当地居民的传统生活。

（2）"前台—帷幕—后台"模式多适用于同类型旅游资源较丰富，而且人文旅游资源，尤其是民族文化资源又是其独特的、主要的旅游吸引物的旅游地，该模式强调要对旅游地进行统一规划和管理，并通过合理的制度设计实现旅游收益的再分配，以实现旅游开发与文化保护的平衡。

（3）双城（村）模式秉持"保护古城镇、开辟新区"和之后衍化出来的"辟新区，保旧城；复风貌，保古城"的保护思想，在保护旧城区（村）的基础上，建立新城区（村）。该模式多适用于规模较大的老城（村）保护；另外，老城（村）毗邻区具备较大的建设开发空间。在运用双城（村）模式时，要特别关注开辟新区（村）与老区（村）之间文化的传承关系。

上述三种模式的适用条件、优劣势及实践探索对比如表

6 - 1所示。

表 6 - 1　生态博物馆、"前台—帷幕—后台"、双城（村）模式对比

	生态博物馆	前台—帷幕—后台	双城（村）模式
适用条件	少数民族（尤其是濒危的少数民族）聚居地	同类型旅游资源丰富、民族文化为主要吸引物	老城规模较大且毗邻区有开发空间
优势	保护了生态环境脆弱的弱势民族文化	实现了旅游开发和文化保护的平衡	实现了古城（村）的可持续发展
弊端	干扰了社区居民生活	旅游收益分配不合理导致前、后台地区的矛盾	容易产生"老城空心化"问题
实践探索	南丹里湖白裤瑶生态博物馆、三江侗族生态博物馆、敖伦苏木蒙古族生态博物馆	贵州西江千户苗寨、丽江大研古镇—束河古镇—白沙古镇（建议采用）	新疆吐峪沟麻扎村、平遥古城、拉萨城区

综上，要实现西部少数民族地区文化旅游的提升发展，不仅需要正确的政策引导、规范和激励，更需要行之有效的措施保障，以切实助推西部少数民族地区文化旅游的可持续发展。

第七章

总结与展望

本章对全书及主要创新点进行总结，并简要分析有待进一步研究的若干问题。

第一节　总结与创新点

一　全书总结

本书运用理论研究与案例研究相结合、定性研究与定量研究相结合的方法，在对中外旅游及文化旅游相关研究成果进行回顾总结的基础上，对西部少数民族地区旅游业发展的现状及政策支持进行了考量，接着对西部民族五省区文化旅游的发展基础、发展战略和发展中存在的主要问题进行了梳理。

基于上述对西部少数民族地区文化旅游的态与势的审视，通过对西部民族地区资源与能力的分析，借鉴 Ko 的研究成果，构建了西部民族地区文化旅游可持续性评估模型，包括旅游可持续性晴雨表图（BTS）及旅游可持续性指标阿米巴虫图（AT-SI），并运用 BTS 和 ATSI 模型，对选定的文化旅游地"云南"的可持续性整体水平及各旅游指标的可持续性进行了研判；同时，基于现实案例的考察，本书对云南丽江文化旅游可持续性的现状及存在问题进行了定性的分析，以便较全面地把握西部少数民族地区文化旅游可持续性的态势，并着重分析妨碍西部少数民族地区文化旅游可持续性的经济、行政以及法律方面的体制性障碍和机制性缺陷。

基于对案例地定量与定性的研判，立足于政府、协会或社区、企业作用等多维视角有针对性地提出了促进西部少数民族地区文化旅游提升发展的对策建议和保障措施。

全书主要是按以下路径展开论述的：绪论—相关文献回顾—西部民族地区旅游业发展的态势—文化旅游可持续性评估体系研究—西部民族地区文化旅游提升发展实证研究—西部民族地区文化旅游提升发展对策建议及模式选择。

二　本书创新点

本书的主要创新点包括三个方面：研究视角的创新、研究方法的创新和相关成果的集成创新。

1. 研究视角的创新

将西部民族地区文化旅游可持续发展的问题予以发展人类学与产业经济学视角的综合考量，将产业组织理论和方法运用到民族文化的开发与保护的研究上，为当下文化旅游与民族经济的研究开阔了视野。

2. 研究方法的创新

本书在定性研究的基础上，注重将 BTS、ATSI 等定量分析方法导入对民族地区文化旅游地可持续发展的研判上，这在研究方法上也是一次重要的尝试。

3. 相关成果的集成创新

对于古村镇遗产地开发模式进行探讨的文献较多，但大多数研究都是对某种模式的理论进行探讨并开展实证分析，较少有研究将几种开发模式综合进行考量。基于此，本书将三种典型的开发模式的理论、适用条件及开发中需重点关注的问题进行了总结和提炼，而上述工作在理论体系的完善及实践的指导方面都具有积极的意义。

第二节 研究展望

文化旅游的研究涉及经济、管理、法学、文学、历史等，因此研究难度较大。文化旅游在西部民族地区仍处于探索、培育的初级阶段。国内关于西部少数民族地区文化旅游的理论研究已滞后于实践，本书基于"可持续性"的视角对西部少数民族地区文化旅游提升发展的问题进行了一些探索性的研究。

本书通过实地调研，主要采用访谈和问卷调查的方式，选取"云南"作为实证研究对象，对其文化旅游的可持续性进行了定量和定性研究，旨在提炼其文化旅游可持续性方面的成功经验和存在的问题。基于上述研究，有针对性地提出了西部少数民族地区文化旅游提升发展的对策建议及保障措施。

云南已成为我国西部地区主要的国际旅游目的地，在西部乃至全国有一定的影响力。在西部民族五省区中，云南省属于文化旅游发展较好的地区，其他省区的文化旅游的可持续性方面可能还面临着一些特殊的问题，但是由于客观原因，笔者原来拟定的广西、内蒙古、新疆、西藏的问卷调查和访谈计划未能实施，今后将考虑继续跟踪西部民族地区文化旅游的研究，并适时深入到上述省区调研，以拓宽西部民族地区文化旅游可持续研究的领域，进而为我国西部民族地区旅游业的发展奠定更加科学的理论基础。

此外，本书探索了文化旅游提升发展中政府与市场主体如何作为的问题，而实际上政府与市场之间应该是一种互动的关系。在今后的研究中，不仅仅只研究单向的作用机理，可考虑研究更具一般性的政府与市场主体相互作用的机理并构建政府和市场之间互动关系的博弈模型。

由于时间仓促，本书涉及的一些问题还有待进一步深入研究，某些观点、思路是否具有解释力和指导性也有待实践的检验。笔者在今后的研究中，将继续深入这一领域的研究，以使西部少数民族地区文化旅游提升发展的研究能不断得以深化。

文化旅游目的地可持续性评估调查问卷

尊敬的女士/先生：

您好！本问卷旨在通过系列调查，了解旅游地文化旅游资源的保护情况和可持续发展的问题，以推动云南省对旅游目的地无形资源（旅游地民风、民俗等）和有形资源（景区景点、纪念品等）的开发和保护工作。

衷心感谢您的支持和协助！祝您和家人生活美满，健康快乐！

《西部少数民族地区文化旅游提升发展对策研究》课题组

1. 您的性别是

□男　　　　　　□女

2. 您的年龄

□20 岁以下　　□21～30 岁　　□31～40 岁

□41～50 岁　　□51 岁以上

3. 您的文化程度

□高中以下　　　□高中　　　　□中专

□大专　　　　　□本科　　　　□本科以上

4. 您的职业是

□企业　　　　　□事业单位　　　　　□政府机关

□自由职业者　　□无业

5. 您最近一次旅游时间为

□1 个月内　　　□3 个月内　　　□半年内

□一年内　　　　□很少出游

6. 您对云南省在旅游相关的物质文化挖掘与传承方面的评价是

□好　　　□较好　　　□一般　　　□较差　　　□差

7. 您对云南省在开发旅游地的过程中出现的民风民俗的改变情况的评价是

□变化非常大　　　□变化较大　　　□变化适中

□变化较小　　　　□几乎无变化

8. 您对云南省旅游地居民受教育水平的评价是

□高　　□较高　　□一般　　□较低　　□低

9. 您对云南省旅游地的治安状况的评价是

□好　　□较好　　□一般　　□较差　　□差

10. 您对云南省开发旅游业的资源基础的评价是

□好　　□较好　　□一般　　□较差　　□差

11. 您对云南省旅游业发展对其他产业发展的带动效应的评价是

□好　　□较好　　□一般　　□较差　　□差

12. 您对云南省旅游地居民的生活质量和水平的评价是

□好　　□较好　　□一般　　□较差　　□差

13. 您对云南省开发旅游业的投资回报率的评价是

□高　　□较高　　□一般　　□较低　　□低

14. 您对云南省旅游地开发过程中居民及社区参与程度的评价是

□高　　□较高　　□一般　　□较低　　□低

15. 您对云南省旅游业开发过程中利益分配的公平性的评价是

□公平　　□较公平　　□一般　　□较不公平　　□不公平

16. 您对云南省旅游开发过程中的社会政策支持情况的评价是

□好　　　□较好　　□一般　　□较差　　　□差

17. 您对云南省旅游开发过程中的各旅游企业的政策支持情况的评价是

□好　　　□较好　　□一般　　□较差　　　□差

18. 您在旅游过程中对云南省旅游产品的评价是

□好　　　□较好　　□一般　　□较差　　　□差

19. 您在旅游过程中对云南省旅游地的基础设施的评价是

□好　　　□较好　　□一般　　□较差　　　□差

20. 您对云南省旅游从业人员素质的评价是

□高　　　□较高　　□一般　　□较低　　　□低

21. 您在旅游过程中对云南省旅游地社区居民的友善度的评价是

□友善　　□较友善　　□一般　　□较不友善　　□不友善

22. 您对云南省在古建筑开发工作中投入的修缮资金的评价是

□充足　　□较充足　　□一般　　□较不充足　　□不充足

23. 您对云南省在古建筑开发过程中监督系统运行情况的评价是

□好　　　□较好　　□一般　　□较差　　　□差

24. 您对云南省古建筑保存完好程度的评价是

□完好　　□较完好　　□一般　　□较不完好　　□不完好

25. 您对云南省在古建筑的开发和保护过程中制定保护政策的情况的评价是

□好　　　□较好　　□一般　　□较差　　　□差

26. 您在云南省旅游地游览过程中对旅游空间拥挤程度的评价是

□拥挤　　□较拥挤　　□一般　　□较宽松　　□宽松

27. 您在云南省旅游过程中对建筑物的污染程度的评价是

☐严重　　　☐较严重　　　☐一般　　　☐较不严重

☐几乎没有污染

28. 您在云南省旅游过程中对环境污染情况的评价是

☐严重　　　☐较严重　　　☐一般　　　☐较不严重

☐几乎没有污染

29. 您对云南省旅游开发过程中自然资源的消耗情况的评价是

☐消耗多　　☐消耗较多　　☐一般　　　☐消耗较少

☐消耗少

30. 您对云南省空气质量情况的评价是

☐好　　☐较好　　☐一般　　☐较差　　☐差

31. 您对云南省水质情况的评价是

☐好　　☐较好　　☐一般　　☐较差　　☐差

32. 您对云南省噪声情况的评价是

☐好　　☐较好　　☐一般　　☐较差　　☐差

33. 您对云南省森林覆盖率的评价是

☐好　　☐较好　　☐一般　　☐较差　　☐差

34. 您对云南省在保护环境方面的立法情况的评价是

☐好　　☐较好　　☐一般　　☐较差　　☐差

35. 您对云南省环境保护规划编制方面的评价是

☐好　　☐较好　　☐一般　　☐较差　　☐差

36. 您对云南省环境监督和管理水平的评价是

☐好　　☐较好　　☐一般　　☐较差　　☐差

37. 您对云南省在废弃物处理能力方面的评价是

☐好　　☐较好　　☐一般　　☐较差　　☐差

附录B

文化旅游目的地可持续发展影响因素调查问卷

一 问题描述

此问卷以文化旅游目的地可持续发展影响因素为调查目标，对其多种影响因素使用层次分析法进行分析，层次模型如下图。

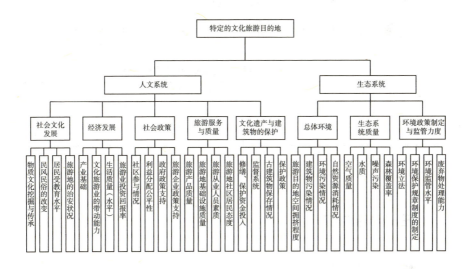

二 问卷说明

此调查问卷的目的在于确定文化旅游地可持续性的影响因素之间的相对权重。调查问卷是根据层次分析法（AHP）的形式进行设计的，该方法是在同一个层次对影响因素的重要性进行两两比较。其衡量尺度划分为 5 个等级，分别是绝对重要、十分重要、比较重要、稍微重要、同样重要，分别对应 9、7、5、3、1 的分值，靠左边的衡量尺度表示左列因素重要于右列因素，靠右边的衡量尺度表示右列因素重要于左列因素。根据您的看法，在对应方格中打钩即可。

如果您觉得各级别尚不能准确地表达您对某个比较问题的看法，例如，您认为对某个比较的看法应该介于"十分重要"与"比较重要"之间，那么您可以通过在"十分重要"与"比较重要"两个方格之间画圈来表达您的看法。

示例：您认为一辆汽车的安全性重要，还是价格重要？

样表 对于评价汽车，各影响因素的相对重要程度一览

A	评价尺度									B
	9	7	5	3	1	3	5	7	9	
安全性										价格

注：衡量尺度划分为 5 个等级，分别是绝对重要、十分重要、比较重要、稍微重要、同样重要，分别对应 9、7、5、3、1 的分值。

三 问卷内容

●第二层要素

■评估文化旅游目的地发展的可持续性两系统的相对重

要性

下列各组比较要素，对于文化旅游目的地发展的可持续性的相对重要性如何？

B_1	评价尺度									B_2
人文系统	9	7	5	3	1	3	5	7	9	生态系统

● 第三层要素

■ 评估人文系统（B_1）各要素的相对重要性

下列各组比较要素，对于人文系统的相对重要性如何？

$B_1 - C$	评价尺度									$B_1 - C$
	9	7	5	3	1	3	5	7	9	
社会文化发展状况										经济发展状况
社会文化发展状况										社会政策支持状况
社会文化发展状况										旅游产品、服务质量
社会文化发展状况										古建筑的开发保护
经济发展状况										社会政策支持状况
经济发展状况										旅游产品、服务质量
经济发展状况										古建筑的开发保护
社会政策支持状况										旅游产品、服务质量
社会政策支持状况										古建筑的开发保护
旅游产品、服务质量										古建筑的开发保护

■评估生态系统（B_2）各要素的相对重要性

下列各组比较要素，对于生态系统的相对重要性如何？

B_2 – C	评价尺度									B_2 – C
	9	7	5	3	1	3	5	7	9	
总体环境感知										生态系统质量
总体环境感知										环境保护管理力度
生态系统质量										环境保护管理力度

●第四层要素

■评估社会文化发展维度（C_1）各要素的相对重要性

下列各组比较要素，对于社会文化发展的相对重要性如何？

C_1 – D	评价尺度									C_1 – D
	9	7	5	3	1	3	5	7	9	
物质文化挖掘传承										民俗民风改变
物质文化挖掘传承										居民受教育水平
物质文化挖掘传承										目的地风气和治安
民俗民风改变										居民受教育水平
民俗民风改变										目的地风气和治安
居民受教育水平										目的地风气和治安

■评估经济发展状况维度（C_2）各要素的相对重要性

下列各组比较要素，对于经济发展状况的相对重要性如何？

C₂-D	评价尺度									C₂-D
	9	7	5	3	1	3	5	7	9	
产业基础										旅游业的带动能力
产业基础										居民生活水平
产业基础										旅游业投资回报率
旅游业的带动能力										居民生活水平
旅游业的带动能力										旅游业投资回报率
居民生活水平										旅游业投资回报率

■评估社会政策支持维度（C₃）各要素的相对重要性

下列各组比较要素，对于社会政策支持的相对重要性如何？

C₃-D	评价尺度									C₃-D
	9	7	5	3	1	3	5	7	9	
社区居民参与管理										利益分配公平性
社区居民参与管理										政府部门政策支持
社区居民参与管理										企业自身政策支持
利益分配公平性										政府部门政策支持
利益分配公平性										企业自身政策支持
政府部门政策支持										企业自身政策支持

■评估旅游产品与服务的质量维度（C₄）中各要素的相对重要性

下列各组比较要素，对于旅游产品与服务的质量的相对重要性如何？

$C_4 - D$	评价尺度									$C_4 - D$
	9	7	5	3	1	3	5	7	9	
旅游产品质量										旅游地基础设施
旅游产品质量										旅游从业人员素质
旅游产品质量										社区居民友善程度
旅游地基础设施										旅游从业人员素质
旅游地基础设施										社区居民友善程度
旅游从业人员素质										社区居民友善程度

■评估古建筑开发保护维度（C_5）各要素的相对重要性

下列各组比较要素，对于古建筑的开发保护的相对重要性如何？

$C_5 - D$	评价尺度									$C_5 - D$
	9	7	5	3	1	3	5	7	9	
修缮资金的投入										监督管理力度
修缮资金的投入										建筑物完好程度
修缮资金的投入										保护政策的制定
监督管理力度										建筑物完好程度
监督管理力度										保护政策的制定
建筑物完好程度										保护政策的制定

■评估总体环境感知维度（C_6）中各要素的相对重要性

下列各组比较要素，对于总体环境感知的相对重要性如何？

$C_6 - D$	评价尺度									$C_6 - D$
	9	7	5	3	1	3	5	7	9	
空间拥挤程度										建筑物污染程度
空间拥挤程度										环境污染程度
空间拥挤程度										自然资源消耗情况
建筑物污染程度										环境污染程度
建筑物污染程度										自然资源消耗情况
环境污染程度										自然资源消耗情况

■评估生态系统质量维度（C_7）各要素的相对重要性

下列各组比较要素，对于生态系统质量的相对重要性如何？

$C_7 - D$	评价尺度									$C_7 - D$
	9	7	5	3	1	3	5	7	9	
空气质量										旅游地水质情况
空气质量										噪声污染程度
空气质量										森林覆盖率
旅游地水质情况										噪声污染程度
旅游地水质情况										森林覆盖率
噪声污染程度										森林覆盖率

■评估环境政策与管理水平维度（C_8）各要素的相对重要性

下列各组比较要素，对于环境政策与管理水平的相对重要性如何？

$C_8 - D$	评价尺度									$C_8 - D$
	9	7	5	3	1	3	5	7	9	
环境立法情况										环保规划的编制
环境立法情况										监督管理水平
环境立法情况										废弃物处理能力
环保规划的编制										监督管理水平
环保规划的编制										废弃物处理能力
监督管理水平										废弃物处理能力

问卷结束，衷心感谢您的支持与指导！

参考文献

中文文献

宝贡敏:《文化在打造有可持续竞争优势的旅游产品(项目)中的作用》,第五届(2010)中国管理学年会——组织与战略分会场,2010。

贝舒莉:《揭西县客家山歌文化旅游开发价值研究》,《神州民俗》(学术版)2011年第3期。

陈刚、白廷斌:《川滇泸沽湖地区民族文化旅游商品市场调查——以工商人类学为视角》,《黑龙江民族丛刊》2012年第3期。

戴庆厦、何俊芳:《语言和民族(二)》,中央民族大学出版社,2006。

丁新军、王艳萍、田菲、王翠清:《论唐山市文化旅游产业链的培育与优化》,《唐山学院学报》2010年第3期。

窦开龙:《旅游开发中西部边疆民族文化变迁与保护的人类学透析》,《宁夏大学学报》(人文社会科学版)2008年第1期。

桂榕、吕宛青:《旅游—生活空间与民族文化的旅游化保护——以西双版纳傣族园为例》,《广西民族研究》2012年第3期。

郭莉:《利用旅游乘数效应,延伸福建文化旅游产业链》,《金融经济》2012年第16期。

郭丽华:《略论"文化旅游"》,《北京第二外国语学院学报》1999

年第 4 期。

　　郭颖：《试论少数民族地区文化旅游资源的保护与开发——以泸沽湖地区为例》，《旅游学刊》2001 年第 3 期。

　　韩国春、蔚华萍、吕雪菊：《简述河北历史名人文化旅游开发的原则与方法》，Proceedings of the 2011 International Conference on Information, Services and Management Engineering（ISME 2011，Vol. 3）。

　　和少英：《民族文化保护与传承的"本体论"问题》，《云南民族大学学报》（哲学社会科学版）2009 年第 2 期。

　　胡海燕、图登克珠、次仁德吉：《基于功能演变视角的历史文化街区保护与发展研究——以拉萨老城区为例》，《西藏大学学报》（社会科学版）2010 年第 3 期。

　　孔伟婧：《民族文化旅游资源开发对民族认同的影响》，《赤峰学院学报》（自然科学版）2012 年第 3 期。

　　李秋：《文化资本视域下的城市文化旅游产品开发——以济南市为例》，硕士学位论文，山东大学，2012。

　　李伟：《民族旅游地文化变迁与发展研究》，民族出版社，2005。

　　李维锦：《茶文化旅游：一种新的文化生态旅游模式——以云南茶文化生态旅游为例》，《学术探索》2007 年第 1 期。

　　李小丽：《运城市文化旅游发展研究》，硕士学位论文，山西财经大学，2006。

　　李欣华、杨兆萍、刘旭玲：《历史文化名村的旅游保护与开发模式研究——以吐鲁番吐峪沟麻扎村为例》，《干旱区地理》2006 年第 2 期。

　　李云涛：文化旅游产业发展的理性反思，硕士学位论文，黑龙江大学，2009。

　　厉无畏、王慧敏、孙洁：《创意旅游：旅游产业发展模式的革新》，《旅游科学》2007 年第 6 期。

梁剑宝：《论我国历史文化街区的法律保护》，硕士学位论文，西南政法大学，2011。

林刚、刘书安：《从旅游吸引物的发展路径看旅游地发展模式选择》，《商业时代》2006年第6期。

林龙飞、杨斌：《论民族旅游发展中的民族文化失真与保护》，《贵州民族研究》2007年第5期。

刘沛林、Abby Liu、Geoff Wall：《生态博物馆理念及其在少数民族社区景观保护中的作用——以贵州梭嘎生态博物馆为例》，《长江流域资源与环境》2005年第2期。

刘旭玲、杨兆萍、谢婷：《生态博物馆理念在民族文化旅游地开发中的应用——以喀纳斯禾木图瓦村为例》，《干旱区地理》2005年第3期。

卢松、陈思屹、潘蕙：《古村落旅游可持续性评估的初步研究——以世界文化遗产地宏村为例》，《旅游学刊》2010年第1期。

罗越富：《文化旅游主题式开发研究——以广州为例》，硕士学位论文，华南师范大学，2007。

蒙吉军、崔凤军：《北京市文化旅游开发研究》，《北京联合大学学报》2001年第1期。

马波：《现代旅游文化学》，青岛大学出版社，1998。

么加利：《"藏彝走廊"区域文化旅游经济可持续性发展之道》，http：//epccc. swu. edu. cn/showdetail. asp？urlid＝3ff79edea85de094c8f8f7a27ea58135，2010－06－25。

潘鲁生：《走进民艺——呼吁民间文化生态保护》，《美术研究》2003年第2期。

彭兆荣：《"东道主"与"游客"：一种现代性悖论的危险——旅游人类学的一种诠释》，《思想战线》2002年第6期。

芮明杰:《中国产业发展的战略选择》,格致出版社,2010。

芮明杰:《产业国际竞争力评价理论与方法》,复旦大学出版社,2010。

唐纳德·L·哈迪斯蒂著:《生态人类学》,郭凡、邹和译,文物出版社,2002。

王克岭、毕锋:《产业链视角下的西部民族地区文化旅游业可持续发展思考》,《思想战线》2010年第5期。

王克岭、马春光:《美国主题公园发展的经验及对中国的启示——以玻里尼西亚文化中心为例》,《企业经济》2010年第2期。

王克岭:《微观视角的西部地区少数民族文化产业可持续发展研究》,光明日报出版社,2011。

王克岭、陈微、李俊:《从"自给"到"共生":文化产业链分工范式演化研究》,《思想战线》2013年第2期。

王克岭、刘佳、张扬楣:《文化旅游产业链治理模式研究》,《企业经济》2012年第12期。

王昕秀:《西藏4A级旅游景区12个可供游览》,http://www.chla.com.cn/htm/2011/1208/108107.html,2011-12-08。

王毅:《论大湘西地区文化产业与旅游业联动发展》,《湖南社会科学》2009年第6期。

王志东:《中国地方政府促进旅游业发展政策支持实证研究》,《东岳论丛》2005年第5期。

王忠云、张海燕:《基于生态位理论的民族文化旅游产业演化发展研究》,《内蒙古社会科学》(汉文版)2011年第2期。

魏小安:《旅游基本特性新论》,http://www.apcl.zju.edu.cn/manage/UploadFiles/20091092188440.doc,2009-10-19。

魏小安、魏诗华:《全产业链视阈下的旅游发展》,南开大学出版社，2012。

吴光玲：《关于文化旅游与旅游文化若干问题研究》，《经济与社会发展》2006 年第 4 期。

向晶：《旅游开发背景下的民族文化保护研究》，硕士学位论文，湖北民族学院，2011。

杨洪、邹家红：《湖南省文化旅游产业发展研究》，《产业与科技论坛》2008 年第 7 期。

杨洋：《基于前、后台理论的民族文化开发与保护模式探索——以贵州西江千户苗寨为例》，《甘肃联合大学学报》（社会科学版）2012 年第 5 期。

杨振之：《前台、帷幕、后台——民族文化保护与旅游开发的新模式探索》，《民族研究》2006 年第 2 期。

杨子江、王秀红：《古城文化型景区旅游真实性实证研究——以丽江古城为例》，《旅游研究》2010 年第 4 期。

余青、吴必虎：《生态博物馆：一种民族文化持续旅游发展模式》，《人文地理》2001 年第 6 期。

张慧霞、董红梅：《加快发展山西文化旅游产业的战略思考》，《生产力研究》2001 年第 6 期。

张生寅：《加快青海文化旅游产业发展的几点思考》，《青海社会科学》2011 年第 3 期。

张文建：《当代旅游业态理论及创新问题探析》，《商业经济与管理》2010 年第 4 期。

张跃西：《论发展竹文化旅游业》，《旅游学刊》1996 年第 4 期。

周秋巧：《论桃渚古城堡的保护性旅游开发》，《上饶师范学院学报》2004 年第 4 期。

周智生：《多元文化资源整合与区域文化旅游创新发展——以云南

丽江为例》,《资源开发与市场》2007 年第 1 期。

宗晓莲:《旅游开发与文化变迁——以云南省丽江县纳西族文化为例》,中国旅游出版社,2006。

邹统钎:《旅游开发与规划》,广东旅游出版社,1999。

朱彬、李志、仙文博:《5·12 汶川地震后民族地区文化遗产的保护与旅游开发的互动关系研究——以四川羌族村寨文化为例》,《经营管理者》2011 年第 6 期。

朱桃杏、陆林:《近 10 年文化旅游研究进展——《Tourism Management》、《Annals of Tourism Research》和《旅游学刊》研究评述》,《旅游学刊》2005 年第 6 期。

国家统计局:《中华人民共和国 2012 年国民经济和社会发展统计公报》, http://www. stats. gov. cn/tjgb/ndtjgb/qgndtjgb/t20130221 _ 402874525. htm, 2013 - 02 - 21。

《第一批列入中国传统村落名录的村落名单》, http://www. mohurd. gov. cn/zcfg/jsbwj _ 0/jsbwjczghyjs/201212/t20121219_ 212340. html, 2012 - 12 - 17.

《保护古村:一场势在必行的战役》, http://gj. yuanlin. com/Html/Detail/2012 - 3/14524. html, 2012 - 03 - 09。

《出境游人数 10 年增 3 倍》, http://epaper. syd. com. cn/sywb/html/2012 - 11/05/content_ 859446. htm, 2012 - 11 - 05。

《蒋依依发布"中国出境旅游发展年度报告 2012"》, http://travel. sohu. com/20120411 /n340296999. shtml, 2012 - 04 - 11。

《丽江 2012 年共接待游客 1599 万人次》, http://news. lijiang. cn/travel/articles/2013 - 01/ 28/content_ 82442. htm, 2013 - 01 - 28。

《旅游标准化 助推焦作文化旅游服务质量提升》, http://quality-tourism. cnta. gov. cn/ NewsDetail. aspx? newsID = bda10130 - ea63 - 471a

– bb9b – 1611bb08f02b，2012 – 11 – 04。

《让居民参与旅游业发展 实现社会文化层面可持续发展》，http：//
roll. sohu. com/ 20120727/n349198286. shtml，2012 – 07 – 27。

《元上都遗址成为我国第三十项世界文化遗产》，《人民日报》2012
年 7 月 1 日。

《2011 年中国旅游业统计公报》，http：//www. cnta. gov. cn/html/
2012 – 10/2012 – 10 – 25 – 9 – 0 – 71726. html，2012 – 10 – 25。

英文文献

Burkart, A. J. , S. Medlik, *Tourism：Past, Present and Future*, London：
Heinemann, 1981.

Charters, S. , J. Ali – Knight, "Who is the Wine Tourist?" *Tourism
Management*, Vol. 23, No. 3, 2003.

Chhabra, D. , R. Healy, E. Sills, "Staged Authenticity and Heritage
Tourism," *Annals of Tourism Research*, Vol. 20, No. 3, 2003.

Cooper, C. , D. Gilbert, S. Wanhill, R. Shepherd, *Tourism：Principles
and Practices*, 2nd edition, Longman, 1998.

Dean, M. , "Staged Authenticity：Arrangements of Social Space in
Tourism Settings," *American Journal of Sociology*, Vol. 79, No. 3, 1973.

Fennell, D. A. , *Ecotourism：An introduction*, Routledge, 1999.

Gartner, W. C. , *Tourism Development—Principles, Processes and Policies*.
John Wiley & Sons, 1996.

Goeldner, C. R. , J. R. B. Ritchie, *Tourism：Principles, Practices, Phi-
losophies*, John Wiley and Sons, 2005.

Hall, M. C. , S. J. Page, *The Geography of Tourism and Recreation—En-
vironment, Place and Space*, 3rd edition, Routledge, 2006.

Ho, P. S. Y. , B. McKercher, "Managing Heritage Resources as

Tourism Products," *Asia Pacific Journal of Tourism Research*, Vol. 9, No. 3, 2003.

Hudman, L. E., R. H. Jackson, *Geography of Travel and Tourism*, 4th edition, Thomson, 2003.

Hughes, H., "Culture and Tourism: A Framework for Further Analysis," *Managing Leisure*, Vol. 7, No. 3, 2002.

Hughes, H., D. Allen, "Cultural Tourism in Central and Eastern Europe: The Views of 'Induced Image Formation Agents'," *Tourism Management*, Vol. 26, No. 2, 2005.

Ivanovic, M., *Cultural tourism*, Juta Legal and Academic Publishers, 2009.

Ko, T. G., "Development of a Tourism Sustainability Assessment Procedure: A Conceptual Approach," *Tourism Management*, Vol. 26, No. 3, 2005.

Loannides D., K. G. Debbage, *The Economic Geography of the Tourist Industry: A Supply – side Analysis*, Routledge, 2000.

MacDonald, R., L. Jolliffe, "Cultural Rural Tourism: Evidence from Canada", *Annals of Tourism Research*, Vol. 30, No. 2, 2003.

McIntosh, R., S. Gupta, *Tourism: Principles, Practices, Philosophies*, Grid Publishing Company, 1980.

McKercher, B., P. S. Y. Ho, H. D. Cros, "Attributes of Popular Cultural Attractions in Hong Kong, " *Annals of Tourism Research*, Vol. 31, No. 2, 2004.

Medina, L. K., "Commoditizing Culture: Tourism and Maya Identity," *Annals of Tourism Research*, Vol. 30, No. 2, 2003.

Nickerson, N. P., *Foundations of Tourism*, Prentice Hall Inc., 1996.

Nuryanti, W. "Heritage and Postmodern Tourism," *Annals of Tourism*

Research, Vol. 23, No. 2, 1996.

Ondimu, K. I. , "Cultural Tourism in Kenya," *Annals of Tourism Research*, Vol. 29, No. 4, 2002.

Page, S. J. , *Transport and Tourism—Global Perspectives*, 2nd edition, Pearson, 2005.

Richards, G. , "Production and Consumption of European Cultural Tourism," *Annals of Tourism Research*, Vol. 23, No. 2, 1996.

Russo, A. P. , J. van der Borg, "Planning Considerations for Cultural Tourism: A Case Study of Four European Cities," *Tourism Management*, Vol. 23, No. 6, 2002.

Silberberg, T. , "Cultural Tourism and Business Opportunities for Museums and Heritage Sites," *Tourism Management*, Vol. 15, No. 5, 1995.

Smith, V. L. , *Hosts and Guests: The Anthropology of Tourism*, Philadelphia: University of Pennsylvania Press, 1989.

Theobald, W. F. , *Global Tourism*, Routledge, 2005.

Tribe, J. , "The Indiscipline of Tourism," *Annals of Tourism Research*, Vol. 24, No. 3, 1997.

Walle, A. H. , "Habits of Thought and Cultural Tourism," *Annals of Tourism Research*, Vol. 23, No. 4, 1996.

后　记

　　本书是对我在复旦大学三年博士后研究工作成果的检验。在此向所有帮助过我的老师、同学及我的母亲、岳父、岳母表示衷心的感谢。

　　本书经过三年的思考、反复修改，在我所主持的中国博士后科学基金项目"西部少数民族地区文化产业链培育发展与制度设计研究"（20110490648）、教育部人文社会科学研究规划基金项目"后政府主导时代西部少数民族地区文化产业链提升发展对策研究——以云南为例"（12YJA630126）和云南大学第三批"中青年骨干教师培养计划"（21132014）的共同资助下，于2013年4月完成了初稿。

　　本书的顺利完成首先得益于我的导师芮明杰教授。芮老师在百忙中给予我悉心的指导，从课题的选题、研究对象的把握，到研究思路的梳理，都倾注着芮老师大量的心血。芮老师严谨的治学态度、宽厚挚诚的为人、谦虚的品格都给我留下了深刻的印象，并将使我受益终生。感谢师母孙远老师给予我精神上的鼓励和支持，让我不断在新希望中重整旗鼓。

　　感谢复旦大学管理学院工商管理博士后开题、中期及出站报告指导小组的教授们：薛求知、许晓明、苏勇、项保华、王克敏、张文贤、洪剑峭、范秀成、骆品亮等。开题报告及中期报告后各位教授的修改建议，一直萦绕于耳边。在将那些片段的言语串起后，我对本书的理论逻辑、概念关系以及创新之处都有了更高的和新的认识。

感谢复旦大学博士后工作办公室的顾美娟老师、王益新老师、朱嫣敏老师、赵宜馨老师在日常管理工作中给予的关照。感谢复旦大学的彭贺副教授、余光胜副教授、刘明宇博士和上海财经大学的陈凯博士、刘春江博士、付宇翔博士在研究工作中给予的关心和指导。感谢复旦大学管理学院科研办公室的胡筱莹老师、企业管理系的常畅老师为我们做的许多琐碎的事情。

感谢云南省旅游局培训中心的周自丰主任，云南省经济研究院的余朝锡老师、韦群跃老师、孙敏老师，江西省社科院的陈瑾老师，昆明市工商行政管理局的常晋云副局长、王洪处长、谷跃敏老师，昌宁县建设局的李元强局长、夏润南副局长，丽江市文产办的朱峰主任、杨宝琼科长，丽江市东巴文化研究院的赵世红老师，丽江市白鹿国际旅行社的赵文华副总经理、高巍总监、张斌导游等各界人士对我所在课题组调研工作给予的大力支持。

感谢云南大学的林文勋教授、杨毅教授、吕宛青教授、田卫民教授、杜靖川教授、董建新老师、吴东教授、吴奇志教授、张建民教授、姚建文教授、段丽波教授、光映炯教授、罗裕梅教授、杨竹青教授、赵德森教授和美国华盛顿州立大学陈明祥教授、对外经济贸易大学的马春光教授、东华大学的孙明贵教授、中国农业大学的郭沛教授、上海市闵行区发改委的王仁涛博士后、上海李维斯有限公司的把密远先生、上海吉意照明电气工程有限公司的郑汝意总经理、兰州大学的潘峰教授、兰州工业学院的贾杰华教授、中国农业银行甘肃省分行的杨蓉女士、甘肃法成律师事务所的王亦农主任、甘肃省国税局的陈国忠先生、交通银行兰州西站支行的陈全行长、中国建设银行甘肃省分行的石菊红女士、马晓泉女士、王宪宏女士等在本书的写作过程中给予我的帮助和支持。

感谢同门的兄弟姐妹们：赵晓芸博士、陈之荣博士、张奎博士、杨锐博士、杨丰强博士、王明辉博士等。

感谢研究生刘佳、陈微、罗斌、李俊、张灿、毕锋、王霄、张扬楣、缪亚琼、高超博群、董俊敏、汪飞、龚昇、魏明、王正国等在本书的课题调研、资料收集、文献整理过程中所做的大量工作，特别要向刘佳、陈微同学的辛勤工作致以诚挚的谢意。

我更要感谢我的爱妻邹莉嵘、爱女王孜，母亲苏秀珍，岳父邹学新，岳母肖德连，大哥王克亭，二嫂陈秀莲，大姐赵云凤、姐夫翟祥，小妹陶鸿燕、妹夫顾民，表哥王玉胜、表嫂孙莉，侄子王鑫，学生徐加有、马彦超对我的理解和大力支持，正是他们在我博士后研究期间及在繁忙的著作写作阶段，给予了我太多的精神和物质上的支持，才使我得以全身心地投入学习和写作中，对他们的感激之情是无法用言语来表达的。

在本书的出版过程中，我得到了云南省社科联的卢桦老师的指导和协助，在此表示衷心的感谢！

由于自身能力所限，加上时间仓促，本书尚存在许多缺憾和纰漏，恳请各位读者和同人批评指正。本人在今后的工作中将继续对本选题进行思考、探索和完善。

谨以本书献给所有关心、支持并帮助过我的人！

王克岭

2017 年 3 月于云大晟苑

图书在版编目（CIP）数据

西部少数民族地区文化旅游提升发展对策／王克岭
著. -- 北京：社会科学文献出版社，2017.8
（云南省哲学社会科学创新团队成果文库）
ISBN 978 - 7 - 5201 - 1023 - 5

Ⅰ.①西…　Ⅱ.①王…　Ⅲ.①少数民族 - 民族地区 -
地方旅游业 - 旅游文化 - 旅游业发展 - 研究 - 西北地区②
少数民族 - 民族地区 - 地方旅游业 - 旅游文化 - 旅游业发
展 - 研究 - 西南地区　Ⅳ.①F592.7

中国版本图书馆 CIP 数据核字（2017）第 150801 号

·云南省哲学社会科学创新团队成果文库·
西部少数民族地区文化旅游提升发展对策

著　　者／王克岭

出 版 人／谢寿光
项目统筹／宋月华　袁卫华
责任编辑／孙以年

出　　版／社会科学文献出版社·人文分社（010）59367215
　　　　　　地址：北京市北三环中路甲 29 号院华龙大厦　邮编：100029
　　　　　　网址：www.ssap.com.cn
发　　行／市场营销中心（010）59367081　59367018
印　　装／北京季蜂印刷有限公司

规　　格／开　本：787mm × 1092mm　1/16
　　　　　　印　张：12.5　字　数：136 千字
版　　次／2017 年 8 月第 1 版　2017 年 8 月第 1 次印刷
书　　号／ISBN 978 - 7 - 5201 - 1023 - 5
定　　价／79.00 元

本书如有印装质量问题，请与读者服务中心（010 - 59367028）联系